구원의 핵심 / 간증과 고백 / 33편의 시

십자가 사랑의
날개를 타고

신보은 지음

하나님의 사람을 **엘맨**
만들어 가는 ELMAN

구원의 핵심 / 간증과 고백 / 33편의 시

십자가 사랑의 날개를 타고

초판 1쇄　　2024년 12월 13일
지은이　　　신보은
펴낸이　　　이규종
펴낸곳　　　엘맨출판사
등록번호　　제13-1562호(1985.10.29.)
등록된곳　　서울시 마포구 토정로 222
　　　　　　한국출판콘텐츠센터 422-3
전화　　　　(02) 323-4060, 6401-7004
팩스　　　　(02) 323-6416
이메일　　　elman1985@hanmail.net
　　　　　　www.elman.kr

ISBN　　　 978-89-5515-802-1 03230

값 14,000 원

구원의 핵심 / 간증과 고백 / 33편의 시

십자가 사랑의
날개를 타고

신보은 지음

하나님의 사람을
만들어 가는

목차

머리말 / 8

제1장 은혜의 날개를 타고 / 11

1. 길, 진리, 생명 / 12
2. 천국을 향한 삶 / 15
3. 자유롭게 하리라 / 18
4. 두 가지 길 / 21
5. 포도원 품꾼 비유 / 24
6. 하나님을 사랑하라 / 27
7. 고난속의 영광 / 30
8. 영생의 복을 받자 / 33
9. 성령을 받으라 / 36
10. 천국을 침노하라 / 39
11. 행위대로 보응하시는 하나님 / 42
12. 하나님의 복 / 45
13. 복음의 일꾼 / 49

14. 작은 일에 충성된 자 / 52

15. 사명자의 상급 / 55

16. 하나님의 마음에 합한 자 / 58

17. 교만과 겸손 / 62

18. 구하는 대로 받으리라 / 66

19. 죄와 벌 / 70

20. 성령의 능으로 / 73

제2장 복음의 날개를 타고 / 77

1. 하나님의 손의 인생무대 / 78

2. 황홀한 체험 / 81

3. 주안에서 기뻐하라 / 83

4. 애국의 날 / 87

5. 겸손하게 살자 / 89

6. 하나님의 사랑을 입자 / 92

7. 대한민국 사람들이여! / 94

8. 영생하려면? / 97

9. 참 길을 따르라 / 100

10. 천하보다 귀한 한 생명 / 103

11. 메시야 왕국 / 107

12. 삶의 고백 / 110

13. 예수님의 고백 / 114

14. 사랑하는 대한민국이여! / 117

15. 하나님은 나의 목자 / 120

16. 부활의 소망 / 123

17. 용서하시는 하나님 / 127

18. 다 이루었다 / 130

19. 하나님을 의지하자 / 133

20. 하나님의 나라 대한민국! / 136

제3장 성경 이야기 / 141

1. 요나 / 142

2. 오바댜 / 157

제4장 시는 날개를 타고 / 165

신보은 시 "추석 연휴에" 외 32편

추석 연휴에 166 / 벤치에 앉아 168 / 자연치유 169 /
개울가 빨래터 170 / 천국 날개를 향한 마음 172 / 보냄
받은 자의 삶 174 / 성령의 바람 176 / 한더위 커피숍에서
178 / 부추 꽃의 손짓 180 / 꽃과 나비 181 / 자리다툼

182 / 특이한 녀석 184 / 흐르는 시간에 186 / 그러면 됐지 뭐 188 / 그대사랑 190 / 심술쟁이 191 / 꽃을 기다리는 마음 192 / 자연은총 속의 하나님 193 / 옥탑의 십자가에서 194 / 비오는 오늘 196 / 꽃 바보 198 / 새벽의 힘 200 / 하나님의 은혜 202 / 안개 덮인 하늘 203 / 팔월의 아침에 204 / 핑계치 못할 영광 206 / 침묵하고파 208 / 그리운 시절아 210 / 신비로운 연합 212 / 시작과 끝 214 / 인천 공원에서 216 / 그대의 정원일기 218 / 새해 아침에 220

맺음말 / 224

머리말

「십자가 사랑의 날개를 타고」누구든 날아오르길 바란다. 날아오
르는 방법은 오직 예수의 날개를 타야 한다. 날개가 꺾이면 어찌 날
아오르리? 누구든 튼튼하고 건강한 날개를 펼치길 원한다.

천하에 구원을 받을만한 이름은 오직 예수이름 뿐이다(행4:12).
예수 안에 생명도 있고, 예수 안에 영생도 있다. 이 땅에서 수고하
는 것 10분의 1만 투자하면 생명의 길, 영생의 길을 갈수 있다. 아
니 10분의 1이 아니고 그보다 더 낮아도 좋다. 오직 예수이름 찾아
구원의 길에 서길 원한다.
　생사화복(生死禍福)이 하나님의 손에 있다. 어떤 이는 복을 많이
받은듯하나 그 안에 생명이 없어 보인다. 그러면 무엇하리요, 그 복
은 참복이 아닌걸....

사람들이여!
성경을 보고 진리를 찾으라.
진리 되신 예수께 나와 영원한 나라에 들어가자!

세상 나라는 멸망될 것이요, 새 하늘과 새 땅이 이르면 영생복락(永生福樂) 누리리라.

길, 진리, 생명 되신 예수 안에 참 나라를 이루어 복된 삶을 영위하자.

2024년 9월 23일
선선한 가을에~
신보은 목사 씀

제1장

은혜의 날개를 타고

1. 길, 진리, 생명

은혜의 사람은 은혜를 먹고 산다.

십자가의 은혜로 생명을 누리고, 십자가의 사랑이 죽었던 영혼을 살리었다.

가식적인 사랑은 무너지는 사랑이나, 십자가의 참 사랑은 영원한 사랑이다.

십자가는 예수의 생애이다.

예수는 생명 바쳐 십자가를 지셨다.

십자가에서 흘린 피는 생명이요, 인류를 살리는 복된 피다.

예수의 피 공로로 무거운 죄 짐을 벗고 하늘 천국에 들어간다.

죄가 있이 어찌 거룩하신 하나님을 뵐 수 있으리오. 죄는 하나님께로 나아가는 길을 막는 걸림돌인 것을……

그러므로 사람들아!

예수 앞에 나와 죄 짐을 벗으라!

예수는 길이요 진리요 생명이시라(요14:6).

"예수께서 이르시되 내가 곧 길이요 진리요 생명이니 나로 말미암지 않고는 아버지께로 올 자가 없느니라"(요14:6)

이 세상에 많은 길이 있으나 참 길은 오직 예수 그리스도 뿐이시다. 참 길이 아닌 다른 길을 좇는 자들은 결국 멸망의 길을 갈 뿐이다. 또한 사람들은 무엇이 진리인지 잘 분별하지 못한 채 살아간다. 예수만이 진리를 구분하는 잣대이다.

그러므로 진리 되신 예수께로 나와 예수 안에 속하면 나도 따라서 진리 편에 서게 되는 것이다. 사람들은 예수 그리스도로 옷 입었을 때 진리의 빛을 발하며 살아갈 수 있다.

예수 그리스도는 십자가에서 죽으시고, 죽으신지 사흘 만에 부활하시고, 부활 후 40일 만에 하늘보좌에 오르셨다. 예수께서 승천하신지 10일이 되어 성령을 보내 주셨다. 성령은 그리스도의 영이요, 진리의 영으로써 사람들 마음에 내주하신다. 자기 마음에 성령님을 모신 자는 예수그리스도의 사람으로서 진리 안에 거하며 살아간다. 물론 완전하지는 못하다. 그러나 세상 끝 날이 오면 완전한 인간으로서 참 진리 안에 영생할 것이다. 완전한 인간이란 이 땅에서는 죄성으로 인해 이루기 힘들어도 예수 그리스도께서 재림하시면, 죄악의 성향도 제거되고 신령한 육체를 입게 되므로 그땐 완전한 인간으로서 살 수 있게 된다.

생명은 피에 있다(레17:11).

사람의 몸에 피를 제하면 사람은 죽는다. 그러나 영생할 수 있는 피는 거룩하신 예수님의 피 뿐이다. 예수님의 피를 마시는 자는 영생하게 된다. 물론 산 떡이신 예수님의 살도 먹게 된다. 예수님의 피를 마시고 살을 먹는다는 것은 내안에 예수를 영접하여 예수를 나의 구주로 삼고 예수를 따라 산다는 것이다. 다시 말해 예수를 믿어 구원에 이른다는 뜻이다.

믿음은 사람이 원한다고 갖는 것이 아니다.

"믿음은 모든 사람의 것이 아니니라"(살후3:2)

믿음은 하나님께서 사람에게 내려 주시므로 얻게 되는 것이다. 사람에게 성령을 부어 주신자도 하나님이시오, 성령이 사람의 마음에 임하셨을 때 믿음을 갖게 되는 것은? 성령은 결국 예수님을 믿게 하시고 참 생명의 길을 걸을 수 있도록 가르치시고 이끄시기 때문이다.

"보혜사 곧 아버지께서 내 이름으로 보내실 성령 그가 너희에게 모든 것을 가르치고 내가 너희에게 말한 모든 것을 생각나게 하리라"(요14:26)

2. 천국을 향한 삶

하나님은 사랑의 하나님이시다.

하나님은 심판의 하나님이시다.

사랑과 심판은 동전의 양면처럼 붙어 다닌다.

하나님 앞에 사랑 받을 자는 사랑을 받으며, 징계와 처벌의 심판을 받을 자는 심판을 받는다.

천국이냐 지옥이냐 두 갈래길 뿐이지 그 중간은 없다.

말할 수 없이 살기 좋은 천국에서 살 것인가? 아니면 말할 수 없이 고통스런 지옥에서 살 것인가? 이는 저마다의 자유의지에 의해 결정된다.

하나님께서 믿음 주시기로 작정된 자들도 일차적으로는 내 발걸음으로 하나님께 나와야 한다. 하나님께 나온 자는 하나님께서 반가이 맞아 주신다. 성령을 보내 주셔서 차차 믿음도 생기게 하신다. 그러므로 하나님의 집인 교회로 나오는 것이 매우 중요하다. 교회에 나와 하나님의 말씀을 듣다보면 차츰차츰 믿음이 생긴다.

믿음은 바라는 것들의 실상이요 보이지 않는 것들의 증거이다(히

11:1). 보이는 것을 믿음이라고는 하지 않는다. 천국이 보이지 않지만 말씀대로 그냥 믿어지는 것이 믿음이다. 하나님이 보이지 않지만 말씀을 통해 살아 역사하심을 믿는 것이 믿음이다. 믿음의 대가는 아주 크다. 믿음의 대가는 세상이 줄 수 없는 것을 가져다준다. 삶이 제아무리 힘들어도 진정한 믿음을 가진 자는 힘든 삶도 즐겁게 이겨낸다. 예수 안에 기쁨이 있기 때문이다. 천국 소망의 기쁨이 있기 때문이다. 성경의 주요 인물들 다수가 그러했다. 특히 12사도들은 고통과 죽음으로 믿음을 보였다. 천국의 소망과 죽음 후 예수 그리스도를 만날 것을 생각하고 어떠한 핍박과 환난도 이겨낸 것이다.

사도 바울은 13~14권의 성경을 기록하기도 했지만, 그의 삶은 오직 천국을 향한 삶이었다. 복음을 위해 사십에 하나 감한 매를 다섯 번이나 맞고, 세 번 태장으로 맞고, 한번 돌로 맞고, 세 번 파선하고, 일주야를 깊은 바다에서 지냈으며, 위험과 수고와 자지 못함과 주리며 목마름과 여러 번 굶고 춥고 헐벗었다고 말하고 있다.(고후11:24:27)

만약 이 땅의 삶뿐이라면 누가 생명 바쳐 이처럼 살 수 있겠는가? 사도 바울은 하나님의 보좌가 있는 천국에 가 봤기 때문에 확신을 갖고 이처럼 살 수 있었던 것이다.

"그가(바울이) 낙원(천국)으로 이끌려가서 말로 표현 할 수 없는 말을 들었으니 사람이 가히 이르지 못할 말이로다"(고후12:4)

하나님은 사도바울에게 대표적으로 천국을 보여주시고 후대들에게 믿으라고 말씀 하신 것이다. 말씀은 곧 하나님이요, 말씀을 믿음으로 구원을 얻게 된다.

"성경은 능히 너로 하여금 그리스도 예수 안에 있는 믿음으로 말미암아 구원에 이르는 지혜가 있게 하느니라"(딤후3:15)

3. 자유롭게 하리라

예수는 십자가에서 죽으셨다.

당시 십자가는 사형 틀이었다.

유대나라에 왕이라는 죄목으로 예수는 사형 당하셨다.

이는 예수님이 능력이 없어서 당한 것이 아니요, 하나님 아버지의 뜻이었다. 예수님이 십자가에서 피 흘려 죽으심으로 인류의 죄 값을 지불한 것이다.

그러므로 예수의 보혈을 의지하는 자는 죄 사함을 받고 천국에 들어갈 수 있는 것이다. 당시 로마의 속국이었던 유대 나라는 하나님이 보내주시겠다는 메시야(그리스도)를 기다리고 있었음에도 불구하고 정녕 메시야가 자기 땅에 오자 메시야를 그만 십자가에 사형 처리한 꼴이 되고 말았다. 예수님이 십자가에서 사형처리 된 것은 하나님의 뜻이었으나, 예수님을 십자가에 못 박도록 내어준 유대 나라는 그 심판을 면치 못했다. 결국 A.D. 70년경 디도(디투스)에 의해 성전은 예수님의 예언대로 돌 위에 돌 하나도 남김없이 무너지고 말았다.

그리스도인들을 박해하는 유대인들은 참 하나님을 잃게 되었고, 하나님의 역사는 계획하신대로 이방인에게로 옮겨졌다. 이천년 이상의 세월을 거쳐 오늘날 대한민국 땅에도 예수 복음이 들어왔다.

대한민국은 이승만 대통령을 통해 하나님과 언약을 맺고 하나님의 언약국가가 되었다. 그러므로 대한민국은 하나님의 나라요, 신의 국가이다. 수많은 고난과 풍파 속에서도 하나님은 대한민국을 붙드시고 오늘날까지 성장하도록 도우셨다. 골목골목마다 십자가를 세우게 하시고 기도의 불, 성령의 불을 붙이셨다. 수많은 하나님의 사역자들을 세우셨고, 수많은 믿음의 거장들을 배출해 내셨다. 기독교가 유교나 불교에 비해 늦게 들어온 감은 있지만, 기독교는 타종교에 비해 뒤지지 않는 하나님의 종교로 우뚝 섰다. 기독교가 힘을 합하면 못할 일이 없는 실정에 이르렀다.

그런데 이 나라에 기독교에 반하는 이념을 가진 자들이 많다. 기독교는 자유주의 국가를 내세운다. 자유를 배재한 그 어떤 사상은 대한민국에 살아남지 못할 것이다. 대한민국이 더 잘 사는 나라가 되기 위해서는 자유주의 사상으로 온 국민이 하나 되어야 할 것이다.

사랑하는 대한민국 사람들아!

자유주의 사상으로 하나 되어라! 그리할 때 남북통일을 이루리라.

무서운 사상은 공산주의 사상이라. 공산주의 사상은 자유를 배척하고 기독교 사상을 배척하느니라. 어서 속히 대통령을 중심으로 하나 된 국가 이루어 살기 좋은 나라, 최상국가로 이루어 가길 원하노라. 나 예수는 대한민국 국민들 한 사람 한 사람을 기억하고 도우리라. 교회는 모든 사람을 품고 선한 마음으로 하나 된 국가 이루어 내길 원하노라. 이스라엘은 흩어버렸으나 대한민국은 흩으지 않으리라. 오히려 세계만방에 우뚝 세우리라(성령의 음성을 받아 씀).

"진리를 알지니 진리가 너희를 자유롭게 하리라"(요8:32)

"그리스도께서 우리를 자유롭게 하려고 자유를 주셨으니"(갈5:1)

4. 두 가지 길

하나님의 성도 사랑은 변함이 없다.

크신 능력으로 넓으신 마음으로 한량없이 품으시는 하나님의 사랑은 사람이 가히 측량할 수 없다. 사람의 생각과 다르게 일하시는 하나님은 성도를 사랑할 수 있는 위대하신 능력을 가지신 분이시기 때문이다. 그러므로 그 무엇도 그 누구도 하나님의 사랑에서 우리를 끊어낼 수 없다.

"누가 우리를 그리스도의 사랑에서 끊으리요 환난이나 곤고나 박해나 기근이나 적신이나 위험이나 칼이랴"

"사망이나 생명이나 천사들이나 권세자들이나"

"높음이나 깊음이나 다른 어떤 피조물이라도 우리를 우리 주 그리스도 예수 안에 있는 하나님의 사랑에서 끊을 수 없으리라" (롬 8:35,38,39)

하나님은 우리 영혼을 강력히 붙드시고 계신다.

환난이나 박해가 와도 하나님의 사랑을 생명 걸고 지켜내는 자들이 많다. 수많은 순교자들이 그러했다. 실상 사도들은 거의 순교하여 영생에 들어갔다. 순교자들의 내세의 삶은 이 땅에 그 어떤 영광과도 비교되지 않을 것이다. 해의 영광이 다르고 달의 영광이 다르고 별과 별의 영광이 각각 다르듯이(고전 15:41) 내세의 삶 또한 그러할 것이다.

누가복음 16장에 부자와 거지 나사로가 나온다.

부자는 생명책에 이름이 기록되지 않아서인지 이름이 없다. 이 땅에서 부자는 날마다 고급스런 옷을 입고 호화롭게 즐기며 살았다. 그런 반면 거지 나사로는 헌데 투성이로 부자의 대문 앞에 버려진 채 개들이 그 헌데를 핥으며 굶주리며 살았다.

이들의 내세는 어떠한가?

부자는 불꽃이 활활 타오르는 지옥에 들어갔고 나사로는 천사들에게 받들려 천국에 들어갔다. 여기서 부자가 아브라함의 품에 있는 나사로를 보고 고통 중에 하는 말이 있다.

"아버지 아브라함이여 나를 긍휼히 여기사 나사로를 보내어 그 손가락 끝에 물을 찍어 내 혀를 서늘하게 하소서 내가 이 불꽃 가운데서 괴로워하나이다"(눅16:24)

이 때 아브라함이 하는 말이 "부자 너는 살았을 때 좋은 것을 받앉고 나사로는 고난을 받았으니 이것을 기억하라" 하신다. 이 땅에서 좋은 것을 받았다고 해서 천국에 들어가지 못한다는 뜻은 아니지만, 아마도 이 땅의 삶을 상기시킨다면 누가 천국에 가야할 사람인지 또 누가 지옥에 가야할 사람인지 가늠할 수 있다. 천국에 들어갈 자는 이 땅에서부터 천국의 삶을 살아갈 것이다. 만약 이 땅에서 천국의 삶이 없는 자는 내세에도 어려울 것이다. 단 십자가상의 강도처럼 예외적인 경우는 드문 일이다.

만약 내세의 삶이 없다면 복음 위해 사는 자들이 제일 불쌍할 것이다. 그러나 예수 부활이 확실하고 성도들 또한 부활할 것이 분명하므로 이 땅에시의 복음을 위한 고된 삶은 내세의 무한한 영광의 삶으로 승화될 것이다.

5. 포도원 품꾼 비유

　천국은 포도원에 품꾼을 들여보내려고 이른 아침에 나간 집 주인과 같다(마20:1-16). 우리 시간으로 오전 6시경 하루 한 데나리온씩을 품꾼들과 약속하여 포도원에 들여보내고, 오전 9시(제3시)에 품꾼들을 또 들여보내고, 정오 12시(제6시)와 오후 3시(제9시)에 또 들여보내고, 오후 5시(제11시)에도 품꾼들을 들여보냈다.

　오후 6시경 즉 해가 저물매 주인이 청지기에게 나중 온 자로부터 시작하여 먼저 온 자까지 한 데나리온의 삯을 주라 하신다. 오전 6시에 일하러 포도원에 들어온 자와 오후 5시에 들어온 자의 품삯이 한 데나리온으로 모두 똑같다. 이는 노동의 불공평한 대우이다.

　그러나 성경은 구원에 관한 말씀을 하고 있다.

　구원은 절대적으로 하나님께 속해 있다는 것이다. 구원의 상급 또한 하나님의 주권이다. 구원의 전체 시간을 이른 아침 6시부터 오후 6시까지로 가정할 때 이른 아침에 교회에 들어온 자와 오후 5시경에 교회에 들어온 자의 구원은 공평하게 이루어진다는 의미이다. 상급 또한 1시간 밖에 일하지 안했을지라도 전체시간을 일한

자와 똑같이 준다한들 이는 하나님의 전적인 주권에 따른다. 또한 하나님은 일한대로 갚아주시는 분이시다. 다시 말해 아무 근거도 없이 상급을 크게 내려 주실 분도 아니시다. 다만 기준은 하나님께 있음을 알아야 한다. 이 땅에서 짧은 시간일지라도 생명 바쳐 일한 자는 큰 상급을 받을 것이다.

 마가복음 12장에 가난한 과부의 두 렙돈 곧 한 고드란트 헌금이 떠오른다. 렙돈은 헬라 동전의 명칭이며 고드란트는 로마 동전의 명칭이다. 렙돈은 히브리 화폐의 최소 단위로서, 두 렙돈은 하루 임금 한 데나리온의 1/50 정도의 가치이다. 부자는 헌금함에 돈을 많이 넣는데 비해 과부는 두 렙돈의 생활비 전부를 넣었다. 이를 본 예수님은 말씀하시기를 이 가난한 과부는 헌금함에 넣는 모든 사람보다 많이 넣었다고 제자들에게 이르셨다. 이와 같이 천국의 상급도 하나님이 판단하셔서 많이 바친 자에게는 많은 상급을 내려줄 것이다. 누구든 아무리 많이 쌓았다고 할지라도 마지막 날에 불로 심판되어 불에 타버린 공적은 무의미하다(고전3:12-15).

 "이와 같이 나중 된 자로서 먼저 되고 먼저 된 자로서 나중 되리라"(마20:16)

 위의 말씀은 포도원에 먼저 온 자가 주인을 원망하므로 인하여 생긴 말씀이라고도 할 수 있다. 우리는 어떤 경우든 원망과 불평에 사로 잡혀서는 아니 됨을 깨달아야 한다.

6. 하나님을 사랑하라

주님은 깊은 사랑을 원하신다.

"아버지나 어머니를 나보다 더 사랑하는 자는 내게 합당하지 아니하고 아들이나 딸을 나보다 더 사랑하는 자도 내게 합당하지 아니하며"(마10:37)

위의 말씀은 보통 사람이라면 받아들이기 힘든 말씀이다. 왜냐하면? 성경에는 "부모를 공경하라"고 말씀하시고, "자녀를 사랑하라"고 말씀하시기 때문이다. 그러나 모든 율법은 하나님 사랑 아래에 있다. 인간 사랑을 하나님 사랑 우위에 두면 안 된다.

십계명도 1계명부터 4계명까지는 하나님 사랑에 해당되고 나머지는 인간 사랑에 해당된 율법이다. "하나님을 사랑하라"는 계명이 먼저이다. 그런데 오늘날 많은 사람들이 하나님보다 자녀들을 더 사랑하고 있는 실정이다. 자녀를 위해서라면 생명까지도 아낌없이 내어 주면서 하나님을 위해서는 몸을 아끼는 편이다. 그러나 더러 순교정신으로 사는 사람들도 있다. 이들은 천국의 상급이 클 것이라 생각된다. 또한 하나님을 위해 생명 바쳐 일한 자의 자녀들은 하나님께서 책임져 주실 것이다.

필자는 20년 전 자녀들을 광주에 두고 서울로 상경해 신학의 길에 접어들었다. 홀로 신학을 한 후 목사 안수를 받고 계속 이 길에 서 있다. 20년 동안 아이들을 책임져 주시는 하나님이셨다. 아이들은 이제 엄마의 손길이 필요 없이도 잘 살아가고 있다. 그다지 힘써 기도한 것도 아닌데, 하나님께서 책임져 주시겠다고 약속하셨으니 끝까지 책임져 주시는 것이다. 부모님 또한 어머니는 43세에 일찍 세상을 하직하셨지만, 아버지는 국가유공자로서 시시때때로 외아들의 공경을 잘 받고 80대 중반에 소천 하셨다. 집안에 제대로 선 믿음의 사명 자 한사람이 있다면 그의 기도를 들으시고 모든 형제들도 복 주시는 하나님이심을 생각해 본다. 필자의 7형제 모두가 일찍 어머니를 여의고 자수성가 한 점을 보아 그런듯하다.

필자는 일찍이 형제들의 구원을 위해 서원을 하였다. 형제들을 구원해 주신다면 제 생명을 내어 놓겠다고......, 하나님은 필자의 서원을 받으시고 당신의 계획하신대로 필자를 쓰시고 계신듯하다. 그렇다면 서원 자는 자신의 십자가를 끝까지 져야만 할 것이다. 예수님은 자기 십자가를 지고 나를 따르지 않는 자도 내게 합당하지 아니하다고 말씀하셨다(마10:38). 그러기 위해서는 서원 자나 사명 자는 온전히 주님만을 바라보며 살아가야 한다. 마음에 자녀사랑이나 부모사랑은 하나님 뒷전이여야 할 것이다. 부모나 자녀를 하나님 우위에 두어서는 힘들다. 어쩌면 자녀들이 부모의 관심을 받지 못하여 타락할 수도 있으나, 마침내는 하나님의 손에 붙들려 의의 길로 인도될 것이라고 믿는다.

"너는 마음을 다하고 뜻을 다하고 힘을 다하여 네 하나님 여호와를 사랑하라"(신6:5)

7. 고난속의 영광

"세상에서는 너희가 환난을 당하나 담대하라 내가 세상을 이기었노라"(요16:33)

세상은 악의 소굴과도 같다.

그 이유는 사탄이 자기 때가 얼마 남지 않음을 알고 참담하게 악을 저지르기 때문이다. 사탄은 의로우신 하나님께 향하려는 사람들의 마음을 악하게 조장하여 하나님의 일을 방해한다. 그러므로 신자들은 사탄의 공격을 받아 환난을 당하고 심하면 절망가운데 처절한 삶을 살기도 한다. 그러나 믿음이 깊은 자는 어떠한 환난이 와도 하나님의 도우심을 받아 더 높이 날아오르기도 한다.

"폭풍 가운데서도 나의 영혼은 잠잠하게 주를 보리라"는 찬양 구절이 있다. 우리는 어떠한 풍랑이 몰아친다 할지라도 오직 하나님을 바라봐야 한다.

"너희는 인생을 의지하지 말라 그의 호흡은 코에 있나니 셈할 가치가 어디 있느냐"(사2:22)

사람들은 자기 힘으로 열심히 잘 살아보려 하나 내 맘대로 되지 않는 것이 인생이다. 하나님이 내 코에 생기를 거두시면 내 인생은 끝이 난다. 제아무리 화려한 인생도 하나님의 징벌이 스치면 하루 아침에 무너지고 만다. 욥의 경우가 그렇다. 욥뿐만이 아니라 성경 속의 많은 왕들이 그러했다. 신약시대의 헤롯왕은 벌레가 몸을 갈아먹는 하나님의 치심으로 죽었고(행12:23), 구약시대 바벨론의 느브갓네살 왕도, 벨사살 왕도 하나님의 치심으로 인해 그 화려했던 왕권의 막을 내렸다.

"교만은 패망의 선봉이라"고(잠16:18) 성경 속 왕들이 하나님 앞에 교만하여 하나님이 징벌을 받아 처참히 무너진 경우가 허다하다. 그러나 욥은 온전하고 정직하여 하나님을 경외하며 악에서 떠난 자였다(욥1:1). 욥의 경우는 다른 넘어지는 자들과 달리 하나님의 영광이 있는 사탄의 시험이었다. 하나님은 사탄 앞에서 욥을 자랑하고 싶으셨다. 생명만 건드리지 말고 모든 것을 사탄의 뜻대로 내어 주셨다. 욥은 사탄의 공격을 받아 순식간에 재산을 잃었고, 자녀들을 잃었고, 아내가 떠났고, 마지막에 건강마저 잃었다. 자신의 몸은 욕창으로 인해 견딜 수 없는 고통에 이르렀다. 기왓장으로 몸을 긁어대는 처지에 이르렀다. 그럼에도 욥은 끝까지 하나님을 떠나지 않았다. 하나님을 부인하지도 않았다. 오히려 이 고난을 통해 자신이 정금(순금)같이 되어 나올 것을 고백했다(욥23:10).

"그러나 내가 가는 길을 그가(하나님이) 아시나니 그가 나를 단련 하신 후에는 내가 순금 같이 되어 나오리라"(욥23:10)

그러므로 욥은 마침내 하나님을 더욱 깊이 만나 전에는 귀로 듣기만 하던 하나님을 이제는 눈으로 뵈옵는다는 신앙고백을 하였다(욥42:5). 결론적으로 욥은 잃었던 모든 것이 다시 회복되어 갑절의 복을 받았다. 더욱 많은 재물과 아들 일곱과 딸 셋을 두었다. 모든 땅에서 욥의 딸들처럼 아리따운 여자가 없었더라고 기록하고 있다(욥42:15).

그러면 이제 우리도 욥처럼 어떠한 환난이 와도 절대적인 하나님을 의지해야 할 것이다. 그랬을 때 하나님은 우리를 더욱 높이 세우실 것이다. 모든 만물이 하나님의 운행하심에 있음을 기억하며 살아야 한다. 예수님의 십자가 고난이 있은 후 부활의 영광이 필히 찾아 왔다.

8. 영생의 복을 받자

하나님은 천지를 창조하신 분이시다.

첫째 날 흑암 중에 빛을 창조하셨고, 둘째 날 하늘을 창조 하셨고, 셋째 날 땅과 바다를 창조하셨고, 땅의 모든 식물들을 창조하셨다. 넷째 날은 해, 달, 별들을 창조하셨고, 다섯째 날은 새들과 물고기들을 창조하셨다. 마지막으로 여섯째 날은 짐승들과 사람(남자와 여자)을 창조하셨다. 이는 오직 여호와 하나님만이 하실 수 있는 일이다. 그럼에도 하나님을 구주로 믿지 않는 자들은 어찌할까? 하나님은 심판하시는 하나님이시다. 은혜를 모르는 배은망덕한 사람들은 그날에 하나님의 심판을 견디지 못할 것이다. 그날은 세상 끝이다. 창조의 시작도 하나님이시오, 끝도 하나님이시다.

"주 하나님이 이르시되 나는 알파와 오메가라 이제도 있고 전에도 있었고 장차 올 자요 전능한 자라 하시더라"(계1:8)

알파(A, α)는 헬라어(그리스어) 첫 문자이고, 오메가(Ω, ω)는 끝 문자이다. 모든 시작과 끝은 하나님 손에 있다는 뜻이다. 인생의 시작과 끝도 하나님 손에 있고, 세상 만물도 하나님 손에서 시작되었으므로 하나님 손에서 끝이 날 것이다. 세월은 신속히 흘러 그 끝이 이를 때가 반드시 있다. 가장 가까이는 인생의 끝이 있다는 것이다.

백세시대를 선호하지만 질병으로 절반도 살지 못하고 죽는 자들도 있고, 다양한 사고로 인해 하루아침에 죽는 자들도 늘어나고 있다. 또한 재해로 인해 죽는 자들도 있다. 밤새 안녕이란 말이 있듯이 그런 시대를 살아가고 있는 실정이 아닌가? 누가 죽으면 끝이라고 하는가? 그렇다면 인생의 선과 악은 언제 보상받고 언제 징계받는단 말인가? 살아서 역사하시는 하나님은 무소부재 하시어 모든 인생들을 살피시고 계신다. 사람의 생각과 마음까지도 다 아시는 하나님이시다. 또한 하나님은 악에 대해서도 오래 참으시는 분이시다. 악을 저지르고도 바로 심판이 없다하여 하나님이 없다고 판단하면 큰 오판을 하고 있는 것이다. 선과 악의 최종 결산은 하나님 앞에 섰을 때 이루어진다.

"나는(하나님은) 사람의 뜻과 마음을 살피는 자인 줄 알지라 내가 너희 각 사람의 행위대로 갚아 주리라"(계2:23)

죄악 중에 가장 큰 죄악은 하나님께 나오지 않는 죄이다. 하나님께 나옴으로 예수 그리스도의 의를 옷 입을 수 있는데, 만약 하나님께 나오지 않는다면 죄 사함을 받지 못해 의의 옷을 입지 못하게 된다. 천국은 예수 그리스도의 십자가 보혈로 죄를 깨끗이 씻어낸 자만이 들어갈 수 있기 때문이다. 죄 씻김 받지 못한 죄인은 천국에 들어가지 못한다는 점을 알아야 한다. 사람은 살면서 누구나 알게 모르게 죄를 짓고 살기 때문에 모든 죄를 회개하여 죄 씻김 받아야 한다.

"죄의 삯은 사망이요 하나님의 은사(선물)는 그리스도 예수 우리 주 안에 있는 영생 이니라"(롬6:23)

영생은 죽지 않고 황홀한 천국에서 영원이 사는 것이다. 그러나 영원한 사망은 지옥에 들어가는 것을 뜻한다(둘째사망, 계20:14). 사람은 누구나 육신의 사망(첫째사망)을 맞이하나 무엇보다도 중요한 것은 영혼이 영생할 수 있는가의 문제이다. 육신의 사망을 당했을 때, 예수 그리스도를 믿는 자들 곧 하나님의 자녀들은 천사들의 수종을 받아 천국에 들어갈 것이요, 예수 믿음이 없는 자들은 지옥행을 할 것이다. 예수 재림 시 육신의 부활도 덧입어 영생하는 하나님의 백성들은 복된 자들이다. 최고의 복은 영생의 복이라는 것을 생각하자! 아멘!

9. 성령을 받으라

하나님은 사랑이시다(요일4:8).

하나님은 악인에 대해서도 돌이키도록 오래 참으시는 하나님이시다. 심지어는 의로운 아우 아벨을 죽인 가인까지 그 생명을 사랑하시어 사람들이 죽이지 못하도록 표를 주셨다. 그 표가 정확히 어떤 것인지는 밝히지 않고 있지만 그 표로 인해 가인은 살 수 있었다. 지금도 하나님은 살인자와 같이 큰 죄를 지은 자들까지도 당신 앞에 나와 죄 용서 받기를 기다리고 계신다. 하나님 앞에서는 살인자나 가벼운 거짓말쟁이나 모두 다 죄인이다.

하나님의 죄 용서하심은 무한하시다.

하나님은 모든 죄인을 용서하시고도 남음이 있다. 그러므로 예수님은 형제 용서하기를 "일곱 번을 일흔 번까지라도 할지니라"고 말씀 하셨다(마18:22). 이는 무한정적으로 용서하라는 뜻이다. 그만큼 하나님은 사랑과 용서의 하나님이시다. 긍휼과 자비와 은혜의 하나님이시다. 당신 앞에 나오는 자들에게 좋은 것으로 주시는 하나님이시다.

"온갖 좋은 은사와 온전한 선물이 다 위로부터 빛들의 아버지께 로부터 내려오나니 그는 변함도 없으시고 회전하는 그림자도 없으시니라"(약1:17)

가장 좋은 선물은 성령의 선물이다.

성령은 예수 그리스도를 구주로 믿는 자들의 마음에 각각 내주하시어 하나님과 가까이 할 수 있도록 도우신다. 하나님은 은혜 베풀 자에게 은혜 베푸심을 볼 때, 사람들은 성령을 통해 하늘의 좋은 것들을 받아 누리게 된다. 마지막에 성도를 천국으로 인도하실 분도 성령님이시다. 성령이 없이는 예수를 "주"시라 시인하시 못한다(고전12:3). 다시 말하면 성령을 통해 믿음을 갖고 즐거운 삶을 영위할 수 있다. 주를 위한 고난도 즐거움으로 승화되기도 한다. 실상 사도들은 예수이름 위해 능욕 받는 것을 기쁨으로 여겼다(행5:41).

"너희가 악할지라도 좋은 것을 자식에게 줄 줄 알거든 하물며 너희 하늘 아버지께서 구하는 자에게 성령을 주시지 않겠느냐 하시니라"(눅11:13)

가장 좋은 선물인 성령을 받으려면 하나님 앞에 나와 구해야 한다. 하나님은 구하는 자에게 주시는 분이시다. 구하지 않아도 주시는 일반은총(자연은총)도 있지만 성령은 특별히 구하는 자에게 내려 주신다. 성령은 예수 그리스도의 영으로써 진리의 영이요 예수 안에 있는 사람들을 의의 길로 이끄신다. 다만 사람들이 육신의 연약함으로 시험들 때도 있고 죄를 지을 때도 있지만, 성령은 그들의 잘못을 깨닫게 하시고 회개하게 하신다. 성령은 하나님의 깊은 것까지도 통달하시고 모든 것을 가르치시는 분이시다.(고전2:10; 요14:26).

결론적으로 사랑의 하나님은 성령을 통해 우리에게 가까이 하시고 복을 내려 주신다. 하늘의 각양 좋은 은사가 성령을 통해 내려온다. 성령시대를 살고 있는 우리는 성령과 늘 교통하는 삶을 살 때, 예수 그리스도 안에 거하며 영생의 복된 삶을 영위하게 된다.

10. 천국을 침노하라

　천국은 예수 그리스도 안에 있다.

　예수 그리스도 안에 거하는 자만이 천국의 삶을 살 수 있다. 이 땅에서는 아직 천국이 완성되지 못했으나 메시야 왕국 곧 하나님의 나라가 완성될 때가 이른다. 세계 곳곳에 수많은 주의 종들을 통해 마지막 때를 알리고 있다. 마지막 때는 심판의 때와 구원이 완성될 때, 즉 심판 받을 자와 구원 받을 자 두 부류의 무리로 갈라질 때이다. 이미 지구는 몸살을 앓고 있음을 알 것이다. 많은 과학자들도 앞 다투어 지구의 종말을 연구하고 있지 않는가?

　10 그러나 주의 날이 도둑같이 오리니 그 날에는 하늘이 큰 소리로 떠나가고 물질이 뜨거운 불에 풀어지고 땅과 그 중에 있는 모든 일이 드러나리로다(타지리라)

　11 이 모든 것이 이렇게 풀어지리니 너희가 어떠한 사람이 되어야 마땅하냐 거룩한 행실과 경건함으로

　12 ~ 그 날에는 하늘이 불에 타서 풀어지고 물질이 뜨거운 불에 녹아지려니와

13 우리는 그의 약속대로 의가 있는 곳인 새 하늘과 새 땅을 바라보도다

(벧후3:10-13)

현 지구는 멸망을 면치 못하고 새 하늘과 새 땅이 나타날 것이다. 새 하늘과 새 땅에 들어갈 자는 하나님의 백성들이다. 성령의 인 맞은 자들이다. 이들은 그날에 새 노래로 하나님을 찬양할 것이다. 새 노래는 구원의 은총을 입은 자만이 부를 수 있다. 서로서로 얼굴을 보며 모든 지식이 충만하여 사람들의 마음까지도 읽을 수 있는 때이다.

"우리가 지금은 거울로 보는 것 같이 희미하나 그 때에는 얼굴과 얼굴을 대하여 볼 것이요 지금은 내가 부분적으로 아나 그 때에는 주께서 나를 아신 것 같이 내가 온전히 알리라"(고전13:12)

이때에는 모든 죄성이 제거 된 때이므로 믿음, 소망, 사랑 중 제일인 사랑만이 존재한다. 불평과 불만이 사라지고 시기와 질투도 미움도 다툼도 온데간데없이 사라질 것이다. 평화의 나라, 사랑의 나라, 아름다운 나라, 빛의 나라가 도래할 것이다.

사람들이여!

이런 나라를 꿈꾸고 싶지 않는가?

예수 앞에 나와 천국 삶의 리허설을 받으라!

이 땅에서 천국을 맛본 자만이 완전한 천국에 들어갈 것이다. 흰옷 입은 무리들이 내 앞에(예수 앞에) 나와 새 노래로 노래할 때를 기다리노라.

만물보다 거짓되고 심히 부패한 것이 인간의 마음이걸랑(렘17:9) 이 부패한 마음을 정화 하리라. 나 여호와는 심장을 살피며 폐부를 시험하고 각각 그의 행위와 그의 행실대로 보응하리라(렘17:10). 제아무리 선하게 산 사람일지라도 나 여호와(예수)를 모른 자들은 내게서 떠나 천국에서 떨어질 것이라. 그러므로

예수를 가까이 하라 예수를 영접하라!

예수를 통해 여호와께 나와 예배하라!

예수 그리스도의 보혈을 의지하라!

예수의 이름으로 죄 사함을 받고 예수의 이름으로 천국을 침노하라!

천국은 침노하는 자의 것이니라(마11:12).

"수고하고 무거운 짐 진 자들아 다 내게로(예수께로) 오라 내가 너희를 쉬게 하리라"(마11:28)

11. 행위대로 보응하시는 하나님

돈은 생활을 위해 꼭 필요하다.

돈이 악하다고 하는 자들이 있는데 이는 잘못 생각한 것이다. 그러나 돈이 주인이 되고 돈이 삶을 지배하면 안 되는 것이다.

"돈을 사랑함이 일만 악의 뿌리가 되나니 이것을 탐내는 자들은 미혹을 받아 믿음에서 떠나 많은 근심으로써 자기를 찔렀도다"(딤전6:10)

돈 때문에 부정을 저지르고 돈 때문에 심하면 살인도 서슴지 않는다. 부모 형제간도 돈 때문에 우애를 끊고 사는 자들이 많다. 그러므로 위의 말씀은 돈이 모든 악의 뿌리가 됨을 알리고 있다. 역으로 사람은 돈을 선히 사용해야 한다는 말씀이다.

돈을 많이 가진 자는 가난한 자들에게 나누어 주기도 하고, 선한 일에 쓰기도 하고 하나님 나라 위해 헌금 한다면 하나님은 심판의 날에 반드시 큰 상급을 주실 것이다.

예수님의 12제자 중 가룟 유다는 돈 때문에 패망한 자이다. 돈 때문에 스승인 예수님을 은 30에 팔아먹었다. 예수님은 가룟 유다에게 자신을 팔도록 허락하셨지만 가룟 유다는 차라리 태어나지 않았더라면 좋을 뻔한 자였다(마26:24). 이 가룟 유다는 뻔뻔하게 예수님께 입맞춤 하고 종교 지도자들에게 은 30을 받아 챙겼다. 그러나 사탄의 사주를 받은 가룟 유다는 은 30을 스스로 토해내고 자신은 목을 매어 지옥행을 하였다. 토해낸 은 30은 핏 값이라 하여 다시 성전고에 넣지 못하고 토기장이의 밭을 사서 나그네의 묘지를 삼았다(피밭이라 부름, 마27:7). 이처럼 돈이 악을 부른다. 가룟 유다는 결국 욕심 부린 돈을 한 푼도 써보지 못하고 죽음을 맞았다. 그러므로 바르지 못한 돈은 화를 불러오게 됨을 깨달아야 한다.

이방 선지자 발람 또한 재물에 눈이 어두워 하나님의 손에 죽음의 칼을 면치 못했다(민31:8). 발람은 모압 왕 발락의 요청으로 재물을 받고 이스라엘을 저주하러 모압 왕에게 간 자이다. 하나님의 저지로 이스라엘을 저주 하기는 커녕, 오히려 다섯 차례에 걸쳐 이스라엘을 축복하였다.

발락으로부터 재물을 받은 발람은 그 삯을 해야 하기에 그 후 꾀를 부려 이스라엘을 우상 숭배와 음행에 빠뜨렸다(민25장). 하나님은 발람의 이 악한 행위를 모세를 통해 갚으셨다. 모세의 사역 막바지에 이르러 미디안(+모압)에게 이스라엘 자손의 원수를 갚으라 하셨던 것이다(민31:1-2). 결국 발람도 불의의 삯을 다 쓰지 못하고 죽었을 것이다.

우리는 모든 것이 하나님의 손안에 있음을 알게 된다. 악을 행하여 순간 부를 축적할지라도 결과는 하나님께 있다. 하나님은 선을 행하는 자에게 선으로 갚으시고 악을 행하는 자에게 악으로 갚으신다. 행위대로 보응하시는 하나님을 의식하고 살아야 훗날 후회하지 않는 삶이 될 것이다.

"모든 교회가 나는 사람의 뜻과 마음을 살피는 자인 줄 알지라 내가 너희 각 사람의 행위대로 갚아 주리라"(계2:23)

"하나님께서 각 사람에게 그 행한 대로 보응하시되 참고 선을 행하여 영광과 존귀와 썩지 아니함을 구하는 자에게는 영생으로 하시고 오직 당을 지어 진리를 따르지 아니하고 불의를 따르는 자에게는 진노와 분노로 하시리라"(롬2:6-8)

12. 하나님의 복

복은 누구나 좋아한다.
복 받을 자는 누구인가?
영생의 복이 가장 큰 복이라면 복은 하나님께서 주신다.

"하나님께 가까이 함이 내게 복이라 내가 주 여호와를 나의 피난
처로 삼아 주의 모든 행적을 전파하리이다"(시73:28)

믿음의 조상 아브라함은 복 자체였다.

"내가 너로 큰 민족을 이루고 네게 복을 주어 네 이름을 창대하게
하리니 너는 복이 될지라"(창12:2)

아브라함은 하란에서 하나님의 부르심을 받아 하나님이 보여줄
땅을 향해 갔다. 그 땅은 가나안 땅이었다. 가나안 땅은 후에 이스
라엘에게 내려 주신 땅이다. 장차 하나님의 백성 이스라엘 자손이
거할 땅에 들어가 살아야만 했던 사명이 아브라함에겐 큰 복이었

다. 가나안 땅은 아브라함과 이삭과 야곱(이스라엘)에게 내려주신 땅이었다. 하나님 역시 아브라함과 이삭과 야곱의 하나님이셨다.

성도는 이 땅에 보냄 받은 사명이 크든 적든 그 사명에 순종했을 때 하나님은 크신 복으로 채우신다. 이삭 또한 하나님의 뜻에 순종하므로 창대하고 왕성하여 마침내 거부가 되었다(창26:13).

이삭은 아브라함에 이어 가나안 땅에 정착했으며, 모리아 산에서 아버지 아브라함이 자신을 제물로 바치려 할 때 반항치 않고 순종했던 사람이다. 그 후 이삭은 우물을 파는 곳마다 물이 솟아 나왔고 농사하여 백배나 얻었으며, 양과 소가 떼를 이루었으며 종이 심히 많았다(창26:12,14). 하나님은 이삭에게 복을 부어 주셨다.

야곱 또한 마찬가지이다. 야곱은 혈혈단신, 자신을 죽이려는 형을 피하여 하란 외갓집으로 도피했으나, 20년 후 네 아내와 열두 자녀와 무수한 짐승 떼와 많은 종들을 거느리고 고향으로 돌아왔다. 당시 부와 복을 모두 받아 돌아왔다. 이 모두가 하나님께서 내려 주신 복이었다.

요셉 또한 하나님께서 함께 하심으로 어디서든 형통함을 입어 마침내 큰 복을 이루었다. 요셉은 형들에 의해 애굽(이집트) 이방 나라의 종으로 팔려갔으나, 13년 후 마침내 애굽의 총리 자리에 올랐다. 하나님의 지혜를 받아 기근정책을 잘 썼으며, 애굽은 물론 이스라엘 백성들을 기근으로부터 구해낸 구원자였다.

야베스는 하나님께 기도하여 복을 받았다. 야베스의 기도는 평범한 기도라고 볼 수 없지만, 그럼에도 많은 성도들에게 호응을 받고 있는 기도 제목이다.

"야베스가 이스라엘 하나님께 아뢰어 이르되 주께서 내게 복을 주시려거든 나의 지역을 넓히시고 주의 손으로 나를 도우사 나로 환난을 벗어나 내게 근심이 없게 하옵소서 하였더니 하나님이 그가 구하는 것을 허락하셨더라"(대상4:10)

야베스는 그의 어머니가 "수고로이 낳았다"하여 '야베스'라 이름하였는데, 야베스는 다급한 처지에서 하나님께 부르짖어 기도하여 응답을 받았다. 기도함으로써 고통의 이름과는 달리 자신이 처한 환난에서 벗어나 해방 되었다. 하나님의 복을 받아 그의 형제들보다 존귀한 자가 되었다. 우리는 슬프고 고통스러운 환경을 만났을 때 야베스처럼 힘써 기도해야 함을 깨닫게 된다.

솔로몬 왕은 여느 왕들보다 부귀영화와 지혜 등 당시 온갖 귀하고 좋은 것들을 하나님께로부터 받아 누렸다. 이는 일천번제에 따른 복 이였으며, 성전 건축에 따른 복이었다.

"내가 네 말대로 하여 네게 지혜롭고 총명한 마음을 주노니 네 앞에도 너와 같은 자가 없거니와 네 뒤에도 너와 같은 자가 일어남이 없으리라 내가 또 네가 구하지 아니한 부귀와 영광도 네게 주노니 네 평생에 왕들 중에 너와 같은 자가 없을 것이라"(왕상3:12-13)

하나님은 복 주실 자에게 복 주시는 분이시다. 그러므로 우리는 복의 근원 되신 하나님을 의지하고 하나님을 경외하며 살아야 할 것이다. 시편 1편의 "복 있는 사람"은 어떤 사람인지 묵상하길 원한다. 마태복음 5장 예수님의 산상수훈의 팔복을 받길 원한다.

13. 복음의 일꾼

　바울(사울)은 다메섹 도상에서 부활하신 예수님을 만났다. 당시 바울은 예수 믿는 자들을 돌로 쳐 죽이고, 잡아다 옥에 가두고, 예수 핍박 제1호의 바리새인이었다.

　"홀연히 하늘로부터 빛이 그를 둘러 비추는지라 땅에 엎드러져 들으매 소리가 있어 이르시되 사울아 사울아 네가 어찌하여 나를 박해하느냐 하시거늘 대답하되 주여 누구시니이까 이르시되 나는 네가 박해하는 예수라"(행9:3-5)

　바울은 강한 빛에 의해 그 즉시 눈이 멀었다. 사람의 손에 이끌려 다메섹으로 들어가 사흘 동안 보지도 못하고 먹지도 못했다. 하나님께서는 '아나니아'에게 "사울을 찾아가 안수하여 눈을 뜨게 하라"고 하셨다. 사울은 아나니아의 안수를 받고 눈을 떴다. 사울의 눈에서 비늘 같은 것이 벗어져 다시 보게 된 것이다. 그러므로 이날 사울은 세례를 받고 유대교에서 그리스도인으로 전향 되었다. 사울은 하나님의 택한 그릇이었다. 특히 유대인으로서 이방인을 위

해 택한 그릇이었다(행9:5)

　이후 사울은 여러 해 기간을 겸비하였고, 바나바에 의해 안디옥 교회에서 1년간을 사역한 후 선교사로 세움을 받아 이방 선교에 나섰다. 4차의 긴 선교 여정 끝에 로마 감옥에 투옥 되었으며 그 후 목 베임을 당한 순교를 하였다. 소아시아와 마게도니아(유럽) 선교 끝에 복음은 폭발적으로 펴져 우리나라도 150여년의 기독교 역사를 이루었다.

　한 알의 밀알이 땅에 떨어져 썩어짐으로 많은 열매를 맺듯이, 사도 바울의 이방 선교로 인해 이토록 확장된 기독교 역사를 이루었다. 이제는 복음이 땅 끝까지 이르러 예수님의 재림을 맞이해야할 시기가 왔다. 그러나 진정으로 예수 안에 거한 자들은 얼마일지 의문을 걸어본다. 의문의 답은 "많지 않을 것이다"라는 생각을 해본다. 그렇다면 또 어찌해야 하는 것인가? 진정한 예수님의 제자가 많지 않다면 어찌해야 하는 것인가? 우리는 예수님의 참 제자들을 세워가야 할 것이다.

　대한민국은 경제발전과 함께 번영을 누려왔다. 그런 반면 영적으로는 헤이해지고 둔해져만 간다. 다시 곳곳에 회개운동을 일으켜 성령의 불을 지펴야 하는데, 이 일을 위해 나설 자 누구인가? 하나님은 시대 시대마다 그에 합당한 일꾼들을 세우실 것이다.

"주께서 이르시되 내가 누구를 보내며 누가 우리를 위하여 갈꼬 하시니 그 때에 내가 이르되 내가 여기 있나이다 나를 보내소서 하였더니"(사6:8)

14. 작은 일에 충성된 자

"지극히 작은 것에 충성된 자는 큰 것에도 충성되고 지극히 작은 것에 불의한 자는 큰 것에도 불의 하니라"(눅16:10)

사람들은 큰일에만 집착한다.

작은 일은 소홀히 하는 경우가 많다.

그런데 작은 일이나 큰일이나 모두가 소중하다. 작은 일을 못하는 자는 큰일도 잘 못할 것이다. 아울러 작은 일도 큰일처럼 소중하게 충성되이 잘 해낸 자들은 큰일을 맡았을 때 큰 일 또한 충성되이 잘 해낼 것이다.

저마다 주어진 재능이 있다.

재능이 많은 자도 있고 적은 자도 있다. 재능이 많은 자는 그만큼 해낼 수 있기 때문에 주어진 것이다.

마태복음 25장의 달란트(금,은의 중량) 비유에서, 각각 그 재능대로 한 사람에게는 금 다섯 달란트를, 한 사람에게는 두 달란트를, 한 사람에게는 한 달란트를 맡겨주고 주인이 돌아올 때까지 일하게 하였다. 주인이 돌아와 결산 할새, 다섯 달란트 받은 자는 장사하여 다섯 달란트를 남겼고, 두 달란트 받은 자도 장사하여 두 달란트를 남겼다. 그런데 한 달란트 받은 자는 일하지 않고 땅을 파고 한 달란트를 그대로 묻어 두었기에 남긴 것이 없었다.

이에 대해 주인은 어떤 말을 하였는가? 다섯 달란트의 이익을 남긴 자와 두 달란트의 이익을 남긴 자에게 주인은 다음과 같이 말하고 있다.

"그 주인이 이르되 잘 하였도다 착하고 충성된 종아 네가 적은 일에 충성하였으매 내가 많은 것을 네게 맡기리니 네 주인의 즐거움에 참여할지어다 하고"(마25:21)

여기서 주인은 하나님이시다. 하나님은 우리에게 각기 재능대로 많든 적든 달란트를 맡겨 주셨다. 그러면 우리는 받은 만큼 충성되이 하나님 나라 위해 일해야 한다. 훗날 하나님 앞에 섰을 때 "잘 하였도다 착하고 충성된 종아"라는 소리를 들을 수 있어야 한다. 그땐 큰 상급으로 내려주실 것이다.

그럼 한 달란트를 땅에 묻어둔 자는 어찌 되었는가?

"그 주인이 대답하여 이르되 악하고 게으른 종아 나는 심지 않은

데서 거두고 헤치지 않은데서 모으는 줄로 네가 알았느냐"

"이 무익한 종을 바깥 어두운 데로 내쫓으라 거기서 슬피 울며 이를 갈리라 하니라"(마25:26,30)

한 달란트 받은 자는 달란트를 땅에 묻어 두고 일하지 않은 결과 "악하고 게으른 종"이라는 꾸중을 들었다. 궁극적으로는 악한자로 심판받아 아름다운 천국에서 내침 받는다는 뜻이다.

주인은 악한 자의 달란트를 빼앗아 다섯 달란트의 이익을 남겨 열 달란트 가진 자에게 주었다. 이를 볼 때 재능이 많은 자는 더욱 더하여 받게 되고, 재능을 쓰지 않는 자는 있는 것까지도 빼앗기게 된다는 것을 알 수 있다. 우리는 각자에게 주어진 재능을 잘 사용하여 하나님께 영광을 돌려야 할 것이다.

15. 사명자의 상급

사명자의 길은 생명의 길이다.

예수 그리스도의 십자가 사명이 온 인류의 생명을 살린 것처럼 사람마다 각자의 사명이 주어졌음을 알아야 한다.

"내가 달려갈 길과 주 예수께 받은 사명 곧 하나님의 은혜의 복음을 증언하는 일을 마치려 함에는 나의 생명조차 조금도 귀한 것으로 여기지 아니하노라"(행20:24)

사도 바울은 유대교에서 전향한 후 오직 복음을 위해 살았다.

위의 말씀은 사도 바울이 밀레도에서 에베소 장로들을 모으고 고별 설교를 할 때 자신의 고백이다. 모두가 예루살렘에 들어가면 결박과 환난이 있을 것이라고 말하였으나, 바울은 복음 증언하는 일에 이토록 자신의 생명까지 아낌없이 내놓은 사명 자였다. 사명 자라면 누구든지 바울처럼 모진 결단과 각오가 있어야 할 것이다.

바울은 결국 예루살렘에서 결박되어 2년간의 감옥살이 끝에 죄수의 몸으로 로마로 압송되어 또 2년간 가택연금 되었지만, 이 모든 과정 속에서도 사명자의 본분을 잊지 않았다. 마지막까지 복음 전도자로 살다가 순교한 사도 바울은 과연 "나를 본받으라"(빌 3:17; 고전4:16)라고 말할만한 참된 복음 증거자였다. 고린도 교인들에게는 "내가 그리스도를 본받는 자가 된 것같이 너희는 나를 본받는 자가 되라"(고전11:1)고 말하였다.

정녕 사도 바울은 복음에 있어서 그리스도를 본받는 자였다. 그러므로 자신의 제자들에게 "나를 본받으라" 자신 있게 말할 수 있는 것이다. 데살로니가 교인들은 이미 바울을 본받은 자가 되어 있었다(살전1:6). 데살로니가 교인들은 바울과 주를 본받은 자가 되었으므로, 이들은 마게도냐와 아가야에 있는 모든 믿는 자의 본이 된 것이다(살전1:7). 믿는 자의 본이 된다는 것이 그 얼마나 좋은 일인가? 이는 그리스도를 본받고, 사도 바울을 본받은 결과이다. 우리는 복음이신 예수 그리스도를 본받고, 온유하고 겸손하신 예수 그리스도를 본받아 투철한 사명자로 서야할 것이다.

사명 자가 받을 상급은 크다.
모세는 상급 받을 것을 생각하고 험한 고난의 삶을 이겨냈다.

"그리스도를 위하여 받는 수모를 애굽의 모든 보화보다 더 큰 재물로 여겼으니 이는 상 주심을 바라봄이라"(히11:26)

만약 상급이 없다면 수고하지 못할 것이다. 그러나 하나님은 반드시 상주시는 이심을 믿어야 한다(히11:6). 우리가 상급을 바라보고 하나님을 찾고 사명감으로 살 때 하나님께서 기뻐하신다. 예수님은 복음을 위하여 박해 받을 때 기뻐하고 즐거워하라고 말씀하셨다. 그 이유는 하늘의 상이 크기 때문이라는 것이다(마5:12). 우리는 진정 예수그리스도를 본받은 자라면 어떠한 경우든 주안에서 기쁨으로 나아가야 할 것이다.

"항상 기뻐하라"
"쉬지 말고 기도하라"
"범사에 감사하라 이것이 그리스도 예수 안에서 너희를 향하신 하나님의 뜻이니라"(살전5:16-18)

16. 하나님의 마음에 합한 자

다윗은 하나님의 마음에 합한 자였다.

다윗은 좌(左)로 가나 우(右)로 가나 하나님의 뜻을 묻는 자였다.

싸움에 나갈 때는 "내가 치리이까?"하고 하나님께 늘 묻는 자였다.

다윗이 기름부음을 받고 온 이스라엘의 왕이 되었다 함을 블레셋 사람들이 듣고 다윗을 찾으러 왔다. 찾으러 온 이유는 다윗을 치기 위함이었다. 다윗은 이에 대항하여 하나님께 물었다. "내가 블레셋 사람들을 치러 올라 가리이까?" "주께서 그들을 내 손에 넘기시겠나이까?"라고 물었다. 하나님께서 "올라가라 내가 그들을 네 손에 넘기리라"하신 것이다(대상14:10, 바알브라심-내 대적을 흩으셨다).

블레셋 사람들이 다시 침범해 왔을 때 다윗은 또 하나님께 물었다. 이때 하나님께서는 마주 올라가지 말고 그들 뒤로 돌아 뽕나무 수풀 맞은편에서 그들을 기습하라고 일러주시며, 뽕나무 꼭대기에서 걸음 걷는 소리가 들리거든 곧 나가서 싸우라고 자세히 말씀해 주셨다(대상14:14-15). 이때 다윗이 하나님의 명령대로 행하여 블레셋 군대를 쳐 기브온에서부터 게셀까지 이르렀다. 이 일로 인해 다윗의 명성이 온 세상에 퍼졌고 모든 이방 민족들이 다윗을 두려워했다.

또한 다윗은 똑같은 물음을 두 번씩 묻기도 하였다. 사무엘상 23장에 블레셋이 유다의 저지대에 위치한 '그일라'를 쳐서 그 타작마당을 탈취해 갔을 때이다. 이때도 다윗은 "내가 가서 이 블레셋 사람들을 치리이까?"라고 물었다. 역시 하나님의 응답은 "가서 블레셋 사람들을 치고 그일라를 구원하라"였다. 다윗의 부하들은 그일라까지 가서 블레셋 군대 치기를 두려워했다. 그러자 다윗은 하나님께 다시 물었다.

"다윗이 여호와께 다시 묻자온대 여호와께서 대답하여 이르시되 일어나 그일라로 내려가라 내가 블레셋 사람들을 네 손에 넘기리라 하신지라"(삼상23:4)

다윗은 이처럼 하나님께 묻고 또 묻고 하나님께서 명령하신대로 행하는 자였다. 이는 다윗이 그만큼 하나님과 소통을 하며 하나님을 철저히 신뢰하며 살았다는 뜻이다.

또한 아말렉이 '시글락'을 불사르고 약탈해갔을 때, 다윗은 "이 군대를 추격하면 따라 잡겠나이까?"라고 여호와께 물었다. 여호와 하나님께서 "쫓아가라" 하심으로 쫓아가 그들을 따라잡고 잃었던 두 아내와 모든 것을 도로 찾아왔다(삼상30장).

또한 다윗은 사울 왕이 블레셋과의 전투에서 죽자 자신은 왕으로서 어찌해야 할지 하나님께 물었다.

"그 후에 다윗이 여호와께 여쭈어 아뢰되 내가 유다 한 성읍으로 올라가리이까 여호와께서 이르시되 올라가라 다윗이 아뢰되 어디로 가리이까 이르시되 헤브론으로 갈지니라"(삼하2:1)

다윗은 하나님께 향방을 묻고 하나님의 말씀하심 따라 헤브론으로 올라가 왕이 되었다. 일단 헤브론에서 유다의 왕이 되고, 후에는 온 이스라엘의 왕이 되었다. 다윗이 헤브론에서 7년 6개월을 다스렸고, 예루살렘에서 33년 동안 다스렸던 것이다(삼하5:5).

"다윗을 왕으로 세우시고 증언하여 이르시되 내가 이새의 아들 다윗을 만나니 내 마음에 맞는 사람이라 내 뜻을 다 이루리라 하시더니"(행13:22)

하나님이 다윗에게 영원한 왕좌를 주셨으니, 이는 다윗의 후손에서 이스라엘을 위한 구주 예수님을 세우심으로써 이스라엘의 영원한 나라가 이루어진다. 예수님께서 재림 하시면 세상 나라는 예수님에 의해 척결되고 하나님의 나라만이 영원히, 영원히 보존될 것이다. 예수님은 만왕의 왕이요 만주의 주시다(계19:16). 성도들은 영원한 나라 곧 메시야 왕국의 백성들이다.

"아브라함과 다윗의 자손 예수 그리스도의 계보라"(마1:1)
"마리아에게서 그리스도(히.메시야)라 칭하는 예수가 나시니라"(마1:16)

17. 교만과 겸손

교만은 패망의 선봉이다(잠16:18).

교만한 자는 겸손한 마음을 잃어버린 자이다.

우리는 교만한 마음이 들어왔을 때 속히 깨닫고 돌이켜야 한다. 넘어진 후에 돌이키면 잃은 것이 많을 것이다.

"젊은 자들아 이와 같이 장로들에게 순종하고 다 서로 겸손으로 허리를 동이라 하나님은 교만한 자를 대적 하시되 겸손한 자들에게는 은혜를 주시느니라"(벧전5:5)

이 말씀을 통해 우리는 하나님께 은혜 받기 위해서는 겸손해야 함을 깨닫는다. 겸손은 예수님의 마음이다(마11:29). 예수님은 하나님의 아들, 더 나아가서는 하나님이셨다. 창조주 하나님이셨다(요1:3). 그럼에도 불구하고 예수님은 죽기까지 하나님 아버지께 복종했다.

"그(예수님)는 근본 하나님의 본체시나 하나님과 동등 됨을 취할 것으로 여기지 아니하시고 오히려 자기를 비워 종의 형체를 가지사 사람들과 같이 되셨고 사람의 모양으로 나타나사 자기를 낮추시고 죽기까지 복종하셨으니 곧 십자가에 죽으심이라"(빌2:6-8)

누구든 위의 말씀에 따르면 교만할 자는 아무도 없을 것이다. 하나님이신 예수님도 종으로 섬기기 위해 이 땅에 오셨는데, 하물며 허물투성인 사람이랴? 우리는 늘 하나님의 말씀을 거울삼아 내 자신을 비추어 봐야 한다. 말씀을 멀리하고는 겸손할 재갈이 없음을 알아야 한다. 본디 인간의 마음은 교만으로 물들었기 때문에 늘 하나님의 말씀을 거울삼아야 한다. 하나님의 말씀은 내 발의 등이요 내 길에 빛이다(시119:105).

성경에는 교만하여 넘어진 자가 많다.
'미리암'은 모세의 누님이었고, 아론은 모세의 형님이었다. 미리암과 아론은 동생이 자신들보다 우위에 있는 것이 못마땅했다. 그래서 언제부턴가 이들의 마음에 교만이 들어와 모세를 비방하기 시작했다. 자신들도 선지자이건만 "여호와께서 모세와만 말씀 하셨느냐? 우리와도 말씀하지 아니하셨느냐"라며 모세와 자신들을 같은 선지자로 여기며 하나님께서도 잠잠한 모세의 결혼관을 지적하며 비방했던 것이다. 그러나 모세는 이들의 지도자였다. 하나님께서는 이 세 사람을 회막으로 불러들여 이들의 위치를 분명히 짚어 주셨다.

"모세 외의 선지자는 환상이나 꿈으로 알리지만, 모세는 하나님과 대면하여 명백히 말하고 또 여호와 하나님의 형상을 보거늘 너희가 어찌 내 종 모세 비방하기를 두려워하지 아니하느냐?"고 말씀하셨다. 이에 하나님께서 미리암을 치심으로 미리암은 나병이 걸려 눈과 같이 희게 되었다. 나병환자가 눈과 같이 희다는 것은 병세가 초기 증상을 넘어 상당히 악화된 상태임을 나타내 준다. 결국 미리암은 모세의 부르짖음으로 고침 받았는데, 이레 동안 진영밖에 갇힌 후 다시 들어오게 되었다.

사울왕은 처음에는 겸손한 자였다. 그러나 왕이 된 후에는 교만해져 하나님께 버림을 당했다. 사울왕은 제사장인 사무엘이 기한 내에 오지 않자 좀 더 기다리지 못하고 제사장 곧 레위지파 아론의 후손만이 집도할 수 있는 번제를 자신이 직접 드린 것이다. 사울왕은 베냐민지파였다. 사울왕은 하나님의 율법을 어긴 영적 교만을 부린 것이다.

뿐만 아니라 사울왕은 그 후 또 하나님의 말씀에 불순종했다. 가나안을 향해 가는 이스라엘 백성들에게 사탄의 역할과 같은 '아말렉'을 쳐서 사람이나 짐승이나 모두 진멸하라 하셨는데, 이 일에도 불순종한 것이다. 이처럼 사울왕은 매사에 하나님의 말씀에 순종하기보다는 자신의 생각에 좋을 대로 행동한 것이다. 죽였어야만 했던 아말렉의 아각 왕을 생포해 왔으며, 양과 소의 좋은 것들은 진멸하지 않고 하찮은 것들만 진멸했다(삼상15:8-9) 사무엘이 좋은 짐승들을 멸하지 않고 끌고 온 이유를 묻자 하나님께 제사지내려 한다는 핑계를 삼았다. 이때 순종이 제사보다 낫다는 성구가 나온 것이다(삼상15:22).

또한 사울왕 교만의 증거는, 아말렉과의 전투를 승리로 이끌고 마침 자신이 해낸 것처럼 갈멜에 자기를 위하여 기념비를 세우기까지 하였다. 이 모든 일에 하나님께서는 사울을 이스라엘 초대 왕으로 삼으신 것을 후회하셨더라고 기록하고 있다(삼상15:35). 우리는 내 자신의 연약함을 깨닫고 모든 것이 하나님께로부터 왔음으로 하나님께 영광 돌릴 것뿐임을 알아야 한다.

이를 볼 때 우리는 사울 왕처럼 지위가 높아졌을 때도 한 결 같이 겸손해야 함을 깨닫게 된다. 늘 하나님의 말씀을 가까이 하여 그 말씀에 순종하는 삶을 살아야 함을 교훈 받는다.

"눈이 높은 것과 마음이 교만한 것과 악인이 형통한 것은 다 죄니라"(잠21:4)

18. 구하는 대로 받으리라

하나님은 한분 하나님이시다.

성부와 성자와 성령으로 한분 하나님이시다.

위는 각각 다르나 삼위의 하나님은 사람의 상식으로 이해되지 않을 만큼 삼위일체이시다. 구약시대에는 성자 예수님과 보혜사 성령님이 아직 드러나지 않은 시대였으며, 신약시대에는 구약에서 보내주시겠다는 예수님이 이 땅에 성육신 하셨다. 또한 예수님이 부활 승천하신 후 성령님이 오셨다. 지금 우리는 성령님과 교통하는 시대에 살고 있다. 시대적으로 삼위의 역할이 각각 있지만은, 하나님은 한분 하나님으로 떼려야 뗄 수 없이 늘 함께 일하신다.

우리가 기도할 때는 예수님의 이름으로 구하지만은 그렇다고 기도의 대상이 2위 성자 예수님 뿐만은 아니다. 예수님을 부르고 기도하든, 1위 성부 하나님을 아버지로 부르고 기도하든, 성령님을 부르고 기도하든 간에 모두가 같은 기도의 대상이 되는 것이다. 다만 성부, 성자, 성령 외에 다른 대상에게 기도해서는 아니 된다.

일명 "주기도문" 즉 주님(예수님)이 가르쳐 주신 기도에는 "하늘에 계신 우리 아버지여"라고 기도하고 있다(마6:9). 그러나 이젠 기도가 끝나면 꼭 예수님의 이름으로 기도했음을 밝혀야 한다. 그 이유는 예수님께서 내 이름으로 구하라 하셨고, 내 이름으로 구하는 것을 주신다고 하셨기 때문이다.

"내(예수님) 이름으로 무엇이든지 내게 구하면 내가 행하리라"(요14:14)
"내가 진실로 진실로 너희에게 이르노니 너희가 무엇이든지 아버지께 구하는 것을 내(예수님) 이름으로 주시리라"(요16:23)

우리는 예수 안에서 무엇이든 구하고 받아야 한다. 하나님의 뜻에 합당할 때 우리가 구하는 것들을 응답해 주시는 하나님이시다. 그러나 구하지 않아도 부모가 자녀에게 필요를 채워주시는 것처럼 주시는 경우도 있다. 반면 야고보서 기자는 잘못 구하는 경우도 있다고 한다. 구하여도 받지 못함은 정욕으로 쓰려고 잘못 구하기 때문이라고 말하고 있다(약4:3). 또한 의심하며 구하는 것은 받지 못한다고 말씀 하셨다(약1:6-7). 그러므로 우리는 예수님의 이름으로 의심 없이 진정한 필요에 따라 무엇이든지 구해야 한다.

'야베스'는 이름 자체에서도 고통이 묻어나는 자이다. 그는 하나님께 복을 구했다 자신의 지역을 넓혀 주시고, 자신이 처한 환난에서 벗어나 근심이 없게 하시기를 기도했다. 하나님께서는 그가 구하는 것들을 응답하셨다(대상4:10).

사무엘의 어머니 '한나'는 아이가 없어 남편의 또 다른 아내 '브닌나'에게 격분함과 괴롭힘을 당했다. 그러므로 한나는 하나님의 전에 나가 통곡하며 오래 기도했다. 아들을 주시면 하나님께 나실인으로 바치겠다고 서원하였다. 이에 하나님께서 한나의 기도에 응답하시므로, 한나는 사무엘을 낳아 하나님께 드렸던 것이다.

"이 아이를 위하여 내가 기도하였더니 내가 구하여 기도한 바를 여호와께서 내게 허락하신지라 그러므로 나도 그를 여호와께 드리되 그의 평생을 여호와께 드리나이다 하고 그가 거기(여호와의 집)서 여호와께 경배 하니라"(삼상1:27-28)

유다의 '히스기야' 왕은 적국인 앗수르의 사신이 가져온 편지를 하나님의 전에 올라가 그 앞에 펼쳐 놓고 기도하였다. 당시 제국이었던 앗수르의 큰 군대를 막아낼 재갈이 없었다. 그러므로 이사야 선지자와 더불어 하나님께 기도할 수밖에 없었다. 이에 하나님께서는 초자연적인 방법으로 앗수르의 군사 185,000명을 하룻밤에 송장이 되게 하셨다.

"이 밤에 여호와의 사자가 나와서 앗수르 진영에서 군사 십팔만 오천 명을 친지라 아침에 일찍이 일어나 보니 다 송장이 되었더라"(왕하19:35)

19. 죄와 벌

죄는 에덴의 뱀을 통해 들어왔다.

사탄이 간교한 뱀에게 들어가서 먼저 하와에게 죄를 가져오게 했고, 뱀의 꾐에 넘어가 타락한 하와는 자기와 함께한 아담에게도 죄를 가져오게 했다. 하나님은 에덴동산에 있는 모든 실과는 임의로 먹되, 동산 가운데 선악을 알게 하는 나무의 실과만 먹지 말라 하셨다. 먹는 날에는 죄가 들어와 하나님과 단절되는 것이다.

"여호와 하나님이 그 사람(아담)에게 명하여 이르시되 동산 각종 나무의 열매는 네가 임으로 먹되 선악을 알게 하는 나무의 열매는 먹지 말라 네가 먹는 날에는 반드시 죽으리라 하시니라"(창 2:16-17)

위 하나님의 말씀에 불순종하므로 죄가 들어온 것이다. 아담과 하와가 선악과를 따먹음으로 죄가 들어온 것이다. 죄의 원천과 같은 선악과는 먹어서 아니 되는 하나님의 징벌이 담겨 있는 것이었다. 선악과는 먹을시 죄가 들어와 사탄과 짝하는 것이 된다. 이 모든 것은 하나님의 은혜가 들어와 다시 회복되었지만, 하나님의 은혜를 받지 못한다면 어찌될지 불 보듯 빤한 일이다.

하나님의 은혜를 받지 못한다면 죄를 씻어내지 못하고 영원히 죄인으로 남게 된다. 죄인의 마지막 날은 어디인가? 죄인은 결국 사탄이 가는 곳으로 갈 수밖에 없다. 하나님과 짝할 것인가? 사탄과 짝할 것인가? 인간의 마음속에 죄가 도사리고 있음을 볼 때 어찌하면 죄가 해결될지? 사람이라면 한번쯤 깊이 생각해 봐야 한다. 말하자면 사람은 스스로 죄 문제를 해결 받지 못한다. 죄인이 어찌 죄인을 구원하리요? 죄 문제를 해결 받기 위해서는 죄 없는 의인이 있어야 한다. 그분이 바로 이 땅에 성육신하신 예수님이시다. 예수님을 영접하고 구주로 모시면 하나님의 자녀가 되는 권세를 받아 죄 문제를 해결 받을 수 있는 것이다.

"영접하는 자 곧 그 이름을 믿는 자들에게는 하나님의 자녀가 되는 권세를 주셨으니"(요1:12)

인간에게 죄가 들어와 타락함으로 벌이 주어졌다. 하와는 임신하여 해산하는 고통을 받았고, 아담은 땀 흘려 노동하는 수고를 받았다. 죄 문제가 해결되고 완전히 회복을 받을 때는 이와 같은 모든 징벌이 사라질 것이다(죽음 포함). 이 땅에 있는 동안에는 잔재된

죄의 대가를 치룰 수밖에 없지만, 죄성을 가진 육신의 장막을 벗을 때는 우리의 영혼이 다시 새 에덴으로 돌아가게 된다.

그러면 육신은 어찌되는가?

육신은 예수님이 재림하시면 신령한 새 육신을 입게 되는 것이다. 이는 죄 문제를 해결 받은 자들의 복된 내세이다. 반면 죄 문제를 해결 받지 못한 자들은 사탄과 함께 유황 불 못에서 영벌을 받게 될 것이다.

"그들은 영벌에, 의인들은 영생에 들어가리라 하시니라"(마 25:46)

예수님 재림 시 양과 염소를 구분하여 양은 오른편에 염소는 왼편에 둔다. 양은 의인으로서 천국에 들어가 영생하고, 염소는 예수님을 영접하지 아니한 자로서 영벌에 처하게 된다.

20. 성령의 능으로

하나님은 구원의 역사를 이루어 가신다.

구원의 역사는 오직 하나님의 능력으로 이루어진다.

사람의 힘도 아니요, 사람의 능력도 아니요, 오직 성령의 능으로 이루어져 간다(슥4:6). 그러므로 사명 자는 오직 성령에 의지하여 일해야 한다. 사람의 의지가 나오지 않도록 항상 기도하며 하나님의 뜻을 물어야 한다. 하나님의 뜻은 말씀 위에 굳게 서서 예수 그리스도를 따라가는 것이다. 어린 양(예수님)이 어디로 인도하든지 따라가는 자가 하나님의 뜻대로 사는 자이다(계14:4).

예수님은 아버지와 늘 하나 된 삶을 사셨다. 내가 아버지 안에, 아버지께서 내안에 계심을 늘 강조하셨다. 이처럼 우리도 예수 그리스도와 하나 되어야 한다. 내가 예수 그리스도 안에, 예수 그리스도께서 내 안에 계신 삶이 될 수 있도록 힘써야 한다. 은혜는 그저 주어지는 것만이 아니다. 하나님은 은혜 베풀 자에게 은혜를 베푸시고 긍휼히 여길 자에게 긍휼을 베푸신다(출33:19).

누구든지 예수 앞에 나와 구하고 간구하는 자에게는 하나님도 어찌하지 못하신다. 열두 해 혈루증을 앓던 여인이 예수님의 옷자락만 잡아도 병이 낫겠다는 믿음과 의지가 있었던 것처럼, 하나님은 간절한 자에게 구원의 은총을 베푸신다(눅8:43-48).

마가복음 2장에 지붕을 뚫고 중풍병자가 누운 상을 달아 내릴 만큼 병자를 낫게 하고자 하는 마음이 간절한가? 이런 자들에게는 하나님도 감동을 받아 치유의 은총을 베푸신다. 이 중풍병자는 자신의 침상을 예수 앞에 달아 내린 네 명의 사람을 잘 둔 복을 톡톡히 받았다. 내가 믿음이 없다면 옆에 있는 가족이나 이웃들의 믿음이라도 빌려야 한다.

세리장 '삭개오'를 보라!
삭개오는 키가 작아 예수님을 볼 수 없으므로 뽕나무(돌무화과나무) 위로 올라갔다(눅19:1-10).

"예수께서 그곳에 이르사 쳐다보시고 이르시되 삭개오야 속히 내려오라 내가 오늘 네 집에 유하여야 하겠다 하시니 급히 내려와 즐거워하며 영접하거늘"(눅19:5-6)

이날 삭개오 가정에는 구원이 임한 날이다. 예수님은 이 삭개오처럼 은혜 받을 자에게 은혜를 베푸신다. 구원 받을만한 믿음이 보일 때 하나님은 구원의 역사를 일으키신다(행14:9).

'루스드라'에 나면서부터 걷지 못한 자가 있었다. 이 또한 바울이 주목하여 본즉 그에게 "구원 받을 만한 믿음"이 있어보였다. 이에 바울이 큰 소리로 "네 발로 바로 일어서라"하니 그 사람이 일어나 걷게 되는 성령의 역사가 나타났다.

큰 틀에서 보면 구원 받을만한 믿음 자체도 하나님께서 주신다지만 하여튼 우리는 간절한 마음으로 하나님께 구하고 찾고 두드리며 나아가야 한다.

제2장

복음의 날개를 타고

1. 하나님의 손의 인생무대

　곡성 산골에서 중학교를 마치고 광주에 있는 여자 상업고등학교에 입학을 했다. 단짝인 친구를 따라 난생 처음 교회에 발을 내딛었다. 그때까지만 해도 나는 교회가 무엇을 하는 곳인지, 교회는 왜 나가야 하는지 전혀 몰랐다. 그러기에 친구가 천국으로 떠난 후 교회에 발걸음을 끊었다. 교회에 나가야 할 의미도 필요성도 느끼지 못했기 때문이다. 저뿐만이 아니라 많은 사람들이 이럴 듯하다. 전도를 받았으나 신앙의 뿌리를 내리지 못하고 방황하는 영혼들이 많다는 생각을 해본다. 그러나 하나님의 저를 향한 계획하심은 어쩌면 그리 적중하실까? 내게 일어나는 일들이 그저 일어나는 일들이 아니었다. 어려서부터 알 수 없는 큰 힘이 내게 작용하는 줄 느꼈지만, 그 힘이 하나님께로부터 일 줄이야?

　나의 인생무대가 하나님의 손에 달려 있었다. 서너 살쯤 되어 밤중에 어머니를 찾아 험한 산 밑을 헤맬 때, "내가 천사를 보내어 너를 지켰노라"고 그때 일을 주님은 말씀 하신다. 동네 사람들로부터 "호랑이가 물어간 딸"이라는 별칭이 나온 것도 이일 때문이다. 이 이야기는 "나의사랑 나의 신부야!"에 집필했지만 도무지 아이의 재

량으로는 험한 산길을 밤중에 오를 수 없었기에 붙여진 이름이다. 믿음을 갖고 보니 호랑이가 아니라 천사였다.

초등학교 시절 어린 나는 유독 감나무를 잘 탔다. 내겐 신념이 있었다. 감나무에 오르면 절대 떨어지지 않는다는 신념이 있었다. 감나무 꼭대기에 간들간들 매달려도 나뭇가지가 꺾이거나 떨어진 경우가 한 번도 없었던 것 같다. 살아오면서 나의 수호천사는 능력자였음을 늘 느꼈고, 운전을 하면서도 사고 나지 않도록 지키시는 강한 팔이 있음을 수없이 느끼며 살았다.

20대 중반에 성령의 능력을 받아 방언이 터졌다. 방언이 무엇인지도 모르는 나에게 기도 중 내 입에는 이상한 말이 터져 나왔다. 후에 전도사님께 물어 방언인줄 알았지만, 나는 그때부터 지금까지 30여 년간 방언 기도를 하며 살아왔다. 기도 중 자연스레 흘러나오는 방언을 어찌 내 힘으로 막을 수 있겠는가? 그러나저러나 뭔가에 이끌리듯 필시 하나님의 손에 이끌려 살아왔다고 자부한다.

다시 교회에 발걸음을 내딛었을 때는 어머니의 죽음이 있은 후이다. 어머니는 억울하게 급사를 하셨고, 그 후 아버지와 동생들은 광주로 올라와 함께 생활했다. 마침 이사를 하는 중에 교회 집사님이 주인인 집으로 셋방을 얻어 들어갔다. 그러기에 나와 아버지와 동생들은 주인집 집사님으로부터 전도 되었다. 친절히 이끌어 주신 덕분에 교회에 잘 다닐 수 있었다. 지금 생각해보니 어머니의 죽음

후 저와 가족들의 전도됨이 하나님의 이끄심이었던 것이다. 어떤 사건을 통하여 당신께로 이끌어 내신 하나님이시다.

그러므로 우리는 곤핍한 상황에 처했을 때 획기적인 탈출구를 주님으로부터 찾을 것을 구상해야 한다. 교회에 다니는 것이 그저 다니는 것 같아도 하나님은 한 사람 한 영혼을 귀히 보시고 다루신다. 세상풍파에 휩쓸린 상처받은 영혼을 차츰차츰 회복되게 하신다. 낙망할지라도 버리지 아니하시고 알게 모르게 힘을 주시며 기다려 주신다. 우리는 먼저 된 자들이 연약한 자들을 잘 이끌어 하나님 편에 설수 있게 해야 한다. 세상 편에서 하나님 편으로 돌이키는 과정은 고난과 고통일지라도 꼭 필요하고 매우 중요하다.

2. 황홀한 체험

주님의 사랑은 한이 없다.

때리시고 싸매시고 품으시고 은혜를 부어주신다.

혹독한 훈련 속에서도 느낄 수 있는 주님의 사랑은 진정한 사랑이다.

2018년도 무더운 여름 이곳 춘의동에 들어와 주님과 긴밀한 관계를 유지하며 살았다. 사역과 훈련은 여느 때보다 특별했다. 107년만의 무더위 속 전도와 아침과 저녁의 예배훈련, 특히 찬양과 기도는 원 없이 했던 것 같다. 은혜는 충만했다.

어느 날 밤중 "기도하다 죽으리라"는 맘으로 있는 힘을 다해 기도했던 경우가 있었다. 강단에 서서 "내게도 모세의 지팡이 좀 들려줘 보소서"라고 끊어질 것만 같은 창자를 휘어잡고 쓰러질듯 소스라치게 소리쳤다. 지금 생각하면 웃음이 나기도하지만, 내 속 깊은 곳에서 나온 목소리는 사람의 음성이라기보다는 짐승의 울부짖음에 가까웠다. 한참을 울부짖는 중에 순간 내 입은 내 입이 아니었다. 하나님은 내 입을 강하게 주장하셨다. 나를 향한 성령의 우레 같은 음성이 터져 나왔고, 얼마 후 원고도 없이 설교를 하는 것이었다. 분명 내 의지가 아닌 하나님의 의지대로 하는 설교였다. 빈 예배실인데도 앞에 사람이 있는 것처럼 설교하고 있었다. 저 뒤에 누구하면서 지적을 하는 것으로 보아 성도를 향한 설교였다. 사람의 마음을 자동적으로 알아보는 말을 하기도 했었다. 설교에 필요한 지식의 말도 성경 말씀도 자동으로 내입에서 흘러 나왔다. 한참을 우리말로 설교하다, 방언으로 설교하다, 방언 통역을 하다 그렇게 저녁 7시에 시작했던 기도회가 자정을 넘어 새벽까지 이어졌다. 이곳 춘의동에 들어 온지 5개월 만에 일어난 잊을 수 없는 성령 체험이었다. 이 때 이 일은 갑자기 일어난 일이지만, 5개월 동안 아침과 저녁으로 예배드린 결과라고 생각한다. 예배를 통해 하나님의 능력이 쌓인 결과이다.

계속적으로 이렇게 능력 있는 사역을 할 수 있는 것인가? 그땐 참 황홀하기만 했다. 성경을 봐야할 필요성이 있겠나 싶을 정도, 그러나 단회 적으로 끝난 체험이었다. 얼마동안은 그 영향으로 황홀했지만 오래는 지속되지 못했다. 오히려 그 후 자궁경부암 2기말~3기초 진단을 받아 암 세포와 싸워야 했다. 어쩌면 그 영향으로 암 투병도 이길 수 있었지 않았나 생각해 본다.

3. 주안에서 기뻐하라

하나님은 인생에게 기쁨을 주신다.

당신의 자녀가 행복하길 원하신다. 그러나 우리는 기뻐하지 못할 때가 많다. 행복하지 못할 때가 많다. 이유는 무엇일까? 아마 주님과의 관계가 원활하지 못하기 때문일 것이다. 내 마음속에 해결되지 않는 문제가 있기 때문일 것이다. 아니면 질병으로 인한 고통 속에서 기쁨을 잊고 살기도 한다.

예수님은 이 땅에 오셔서 많은 문제들을 해결해 주시고 많은 병자들을 고쳐 주셨다. 마귀에게 억눌린 것들을 풀어 주셨다. 성령시대를 살고 있는 우리는 성령님을 의지해 억눌린 문제들을 풀어나가야 한다. 사람과의 억눌린 문제들, 재물과의 억눌린 문제들, 죄짐에 억눌린 것들, 육신의 연약함에 억눌림 등 우리는 풀어야 한다. 땅에서 매면 하늘에서도 매고 땅에서 풀면 하늘에서도 풀린다 (마16:19).

일이 잘 풀릴 때면 기쁘고 행복하다.

특히 사명자로서 주님과의 관계가 좋을 땐 더욱 그렇다. 기도가 잘 되고 말씀이 은혜롭고, 물질이 풍성하고, 입에서는 찬양이 흥얼거리고, 이는 모두가 주님과의 관계가 좋아 성령이 충만할 때이다. 더러는 좌충우돌 할 때도 있다. 이럴 땐 말씀의 거울에 나를 비춰보고 기도의 능력을 힘입어 하나님 앞에 나아가야 한다. 주님을 문제의 해결사로 보느냐고 비아냥거리는 사람들도 있지만, 그래도 주님 앞에 나아가 문제를 해결 받고 삶의 기쁨을 찾아야 한다. 하나님은 우리의 기도를 외면치 않으신다.

사도 바울은 옥중에서 죽음을 앞두고도 "기뻐하고 기뻐하라"고 성도들에게 가르쳤다(빌4:4). 우리는 슬픔이 찾아왔을 때 가능한 속히 슬픔을 기쁨으로 돌이켜 주안에 거해야 한다. 아니 주안에서는 바울처럼 슬픔도 기쁨이 될 수 있음을 알아야 한다. 바울이 감옥에서도 기뻐하는 이유는 하늘 소망에 있다. 하늘 소망이 없이 이 땅의 삶이 전부라면 고난 중에 견뎌내기 힘들 것이다.

"우리는 그의 약속대로 의가 있는 곳인 새 하늘과 새 땅을 바라보도다"(벧후3:13)

성도가 마지막 정착할 곳은 "새 하늘과 새 땅"이여야 한다. 새 하늘과 새 땅은 예수 그리스도 안에서 얻게 된다. 그러므로 우리는 오직 예수 그리스도만 따라가야 할 것임을 잊어서는 아니 된다. 이 땅에서의 신앙을 위한 굳센 연단은 불로 연단한 순금보다 더 귀한 확고한 믿음으로서, 그리스도께서 나타나실 때 칭찬과 영광과 존귀를 얻게 할 것이다(벧전1:7)

우리는 장차 나타날 영광 앞에 현재의 고난을 이기며 굳센 믿음으로 지속적인 신앙생활에 적응해야 한다. 필자 또한 수많은 연단 가운데 오늘의 신앙에 이르렀음을 고백하지 아니할 수 없다. 고난당할 때는 헛된 생각이 들 때도 있다.

"하나님께서 나를 버리셨는가?"

"하나님께서는 나와 함께 하지 않으신 것인가?"

"하나님께서 나를 여전히 사랑하고 계신가?" 등 내 안에 의심과 섭섭함이 몰아칠 때도 있다. 그러나 하나님은 분명히 나를 사랑하시고 지키신다. 우리는 어떠한 환난 중에도 하나님을 의지할 것뿐이다. 시편 기자는 불안 해 하는 자기 영혼에 대해 다음과 같이 말하고 있다.

"내 영혼아 네가 어찌하여 낙심하며 어찌하여 내 속에서 불안 해 하는가 너는 하나님께 소망을 두라 그가 나타나 도우심으로 말미암아 내가 여전히 찬송하리로다"(시42:5)

우리는 하나님께 소망을 두지 못할 때, 또 하나님을 신뢰하지 못할 때 불안이 찾아오기도 한다. 죽음을 앞둔 자가 사도 바울처럼 하늘의 소망이 없다면 불안의 요소는 찾아들기 마련이다. 필자는 육신의 아버지 죽음을 목격했다. 내가 천사 이야기를 하자 세 번 크게 입을 벌려 환히 웃으시고 천국으로 입성하셨다.

성도는 마지막까지 하나님을 떠나지 않고 살게 될 때, 죽음도 기쁨으로 맞을 것이다.

"여호와를 기뻐하라 그가 네 마음의 소원을 네게 이루어 주시리로다"(시37:4)

4. 애국의 날

3월 1일은 잊지 못할 애국의 날이다.

"대한민국 만세"를 목청 놓아 불렀던, 나라를 되찾던 날을 어찌 잊을 수 있을까? 우리는 선진들의 애국정신을 잊지 말아야 할 것이다.

나라 없는 국민은 없다.

나라를 지켜야 국민이 행복할 수 있다. 역사는 지속되고 나라는 끝임 없이 존속해 나간다. 대한민국은 수많은 외적에도 살아남았다. 이제는 세계 정상국가를 지향한다. 미국과 함께 나란히 세계 정상국가에 설 것이다. 세계 최상의 국가로 일어설 것이다. 그러므로 대한민국은 남북한이 하나 되어야 한다.

서로 다른 사상은 하나 될 수가 없다. 북한이 힘을 잃게 되면 기회를 잡아 남한이 흡수시켜야 할 것이다. 그러기 위해선 남한 내에 분열이 없어야 하는데, 이는 국민들이 풀어야 할 과제이다. 좌파냐 우파냐를 떠나서 자유주의 사상으로 하나 된다면 통일이 앞당겨질 것이다. 하나님은 분명히 도우시고 도우신다. 그러나 기독교의 하나님을 무시하는 단체 세력이 활기를 친다면 이 나라는 힘겨울 것이다. 옛적부터 이 나라를 지켜온 하나님이심을 우리 기독교에선 느끼고 있다. 지금도 나라를 위한 기도회는 곳곳에서 일어나고 있다. 이 땅에 들어온 기독교는 빠르게 성장하여 곳곳에 십자가를 세웠다. 다시 또 부흥을 가져올 것을 소망하고 있다. 한국을 통한 복음은 세계를 향해 나아갈 것이며, 그와 함께 한국의 문화도 세계로 퍼져나갈 것이다. 모든 것이 사람이 하는 것 같지만, 그 배후에는 하나님께서 계신다.

모든 신들이 같은 신 같지만 그렇지 않다. 참 신, 참 하나님은 오직 한 분뿐이시다. 그 외에 많은 거짓 신들은 하나님을 모방할 뿐이다. 거짓 신들의 결국은 멸망이다. 예수 그리스도께서 재림하시면 모든 거짓 신들은 결박되어 무저갱에 갇힐 것이다. 끝내는 지옥불에 영원히 갇힐 것이다. 그 때는 죄가 없는 하나님의 나라가 영원히 설 때이다.

갑진년 삼일절에
성령의 음성을 받아서 씀.

5. 겸손하게 살자

하늘에는 해도 있고, 달도 있고, 별도 있다.
해와 달은 하나밖에 없지만 별들은 무수히 많다.
무수히 많은 별들은 각각 광채가 다르다.

그러나 어느 별 하나도 자신의 존재에 대해 만족하다. 광채가 크면 큰대로 작으면 작은 대로 모두가 소중하다. 이는 하나님의 섭리하심에 있기 때문이다. 그와 같이 이 땅에 사람들도 같은 사람은 하나도 없다. 60억의 인구가 각각 개성을 가지고 있다. 그 안에 영혼들도 각각 다르다고 볼 수 있다. 사람들의 성격 또한 다양하다. 그럼에도 쓸모없는 사람은 하나도 없다. 한 방울의 물이 모이고 모여 한 그릇의 물이 되듯, 한 사람 한 사람이 모여 공동체를 이루고 나라를 이룬다. 사람마다 각각의 역할을 분담하여 살기 좋은 사회를 이루어간다.

손이 발더러 더러운 발은 필요 없다고 할 수 없듯이 한 사람의 역할은 매우 중요하다. 그러므로 우리는 어린아이 같은 자일지라도 무시해서는 아니 된다. 예수님은 어린아이를 참 좋아하셨다 어린 아이들이 내게 오는 것을 막지 말라고 하셨다. 천국은 어린아이들과 같은 자들의 것이라고 말씀하셨다(마18:3). 이는 천국은 겸손한 자의 것이라는 뜻이다. 살기 좋은 사회를 이루기 위해서는 모든 사람들이 겸손해야 한다. 하나님은 겸손한 자를 들어 쓰신다. 겸손한 자에게 은혜를 베푸신다. 그런데 요즘 돌아가는 사회를 보면 자기 이익만을 추구하고 자기 자신을 드러내기 좋아하는 자들이 더욱 많은 것 같아 안타깝다.

하나님의 눈은 모든 사람들을 직시 하신다. 개개인의 심령을 낱낱이 살피시는 분이시다. 자기 힘으로 뭔가를 이루려 애를 써도 그릇된 자들은 엎어지기 마련이다. 반면 의를 위해 고난을 당한 자는 하나님께서 반듯이 그 고난의 대가를 갚아주실 것이다. 하나님은 거짓이 없으시고, 의의 하나님이시기 때문이다. 그렇다고 해서 죄에 대해 다 벌하시진 않으신다. 하나님 앞에 나와 죄를 고백하고 돌이키면 용서 하시는 하나님이시다. 용서 받지 못한 죄는 죄 값을 받게 될 것이다. 하나님으로 말미암아 죄가 가려진 자는 복된 자들이다. 겸손한 마음으로 자신에게 주어진 위치의 삶을 성실히 살아갈 때, 또한 진리 안에 의의 하나님을 의지하며 천국 백성으로 살아갈 때 좋은 세상을 이룰 것이다.

"눈이 높은 것과 마음이 교만한 것과 악인이 형통한 것은 다 죄니라"(잠21:4)

6. 하나님의 사랑을 입자

사랑은 변치 않는다.

사랑이 없이는 살기 힘들다.

하나님의 사랑이 그렇다.

나를 위해 십자가에서 생명을 내어주신 그 사랑이다.

그 십자가의 사랑으로 생명을 얻는 은혜를 주셨건만, 생명 얻기를 힘쓰지 않는 자들이 너무 많다. 이를 볼 때 안타까움 그지없다. 하나님은 모든 사람이 구원 얻기를 바라시지만 예수 앞에 나오지 못한 사람들은 심판을 받을 수밖에 없다. 그 심판은 이 땅에서 당한 그 어떤 고난보다도 큰 심판임을 생각해보길 원하고 원하는 바이다.

불이 무서운 줄 알면 예수를 믿어야 할 것이다. 왜냐하면 예수님의 십자가 피 공로를 믿지 못하면 불 못에 들어가는 심판을 면치 못하기 때문이다. 다행히도 대한민국 땅에는 교회가 많이 섰다. 곳곳에 십자가가 세워졌다. 더욱더 십자가의 사랑 앞에 나와야 할 것인데, 약해져가는 것만 같은 한국 교회의 실상도 안타깝다.

예수님은 "인자가 올 때 믿음을 보겠느냐?"고 말씀하셨다. 이는 예수께서 다시 오실 때가 임박할수록 참 믿음을 찾아보기 어렵다는 뜻이다. 그러나 우리는 쇠퇴하는 예수 신앙을 보며 깨달아야 할 것이다. 그만큼 주님 오실 때가 가까웠음을......

많은 사람들아! 깨어 기도하라!
하나님의 사랑은 위대하도다.
위대하신 사랑을 받지 못한다면 은혜와 긍휼은 얻지 못할 것이다. 모든 만물이 따뜻한 봄을 맞아 소생하는 것처럼 사람들의 영혼도 예수님을 만나 부활한다. 사람들의 영혼이 부활한다는 것은, 사람들의 영혼은 죄로 인해 전적으로 죽어버렸기 때문이다. 전적으로 죽어버린 영혼이 예수를 믿음으로 새 생명을 얻게 되는 것이다. 예수를 믿음으로 성령과 연합하여 새 피조물을 입게 된다.

"그런즉 누구든지 그리스도 안에 있으면 새로운 피조물이라 이전 것은 지나갔으니 보라 새 것이 되었도다"(고후5:17)

사람들아!
예수 사랑을 거부하지 말자.
구원의 방주인 교회로 들어오라!
하나님의 사랑은 크고도 넓도다.

7. 대한민국 사람들이여!

이글은 특별히 하나님께서 주신대로 필자의 입장에서 기록한 글이다.

대한민국은 살기 좋은 나라이다.

이는 하나님의 크신 은혜이다.

이 땅에 복음이 들어오고 교회가 세워지고 사람들의 삶의 질은 높아졌다.

그러므로 하나님께서는 이 나라를 무척 사랑하신다.

많은 사람들이 대한민국은 위기에 놓였다고 말하지만 하나님은 이 나라를 절대적으로 붙들고 계신다.

그러나 좌우로 분열된 대한민국은 앞으로 나아가기 힘든 것만은 사실이다.

어찌하면 온 국민이 하나로 뭉칠 수 있을까?

하나님 앞에 매일처럼 기도해 보지만 여전하다.

이제 4.10 선거를 13일 앞두고 힘을 다해 기도하고 또 기도해 본다. 정말로 나라를 위해, 국민을 위해 선히 일할 수 있는 일꾼들이 잘 뽑혔으면 좋겠다. 그에 앞서 투명한 선거가 무사히 치러지길 원한다.

좌우 어느 한쪽으로 치우치기보단 서로 합력해서 일할 수 있는 좋은 여건이길 빌어본다. 국민을 위한 정치인이 아니라면 무슨 소용이 있겠는가? 보다 더 나은 사람이 뽑히길 원한다.

대통령은 나라의 제일 큰 어른이거든 국민은 대통령을 존경하고, 대통령은 온 국민을 위해 일해 주시길 원한다. 대한민국은 신의 축복을 받아 발전해 왔으므로 앞으로도 신의 축복 하에 더욱 발전하길 기도한다. 하나님께서는 이 나라의 주인이라고 하신다. 아무리 국민이 주인이라고 하여도 그 위에 하나님이 계신다. 그러므로 하나님의 뜻에 반하는 일은 환영받지 못할 것이다. 간간히 들리는 소문에는 기독교를 말살시킨다는 소리도 있다. 이 일이 사실이라면 이런 정치인은 하나님 앞에 살지 못할 것이다. 북한을 보면 알 수 있다. 북한의 수장들은 이례적으로 예수 신앙인들을 박해해 왔다. 그러고도 어찌 나라가 잘 살수 있단 말인가?

하나님은 대한민국을 당신의 손에서 절대 놓지 않으실 것이다. 반면 하나님을 대적하는 자들은 하나님께서 반드시 보응하실 것이다. 간간히 들리는 말에 대한민국이 위험한 이유가, 남한이 북한에 넘어가게 생겼다는 것이다. 그럴 일은 없겠지만, 만에 하나 남한이 북한에 넘어갔을 때를 가장해 보라. 저 북한은 복음을 받아들이지 못할 것이 자명하다. 또한 공산주의가 자유주의를 수락하지 않을 것이 자명하다. 그러면 어찌 되겠는가? 서로 피를 보게 될 것이다. 기독교인들은 신앙의 자유를 절대 포기하지 않을 것이기 때문이다.

그러므로 대한민국의 통일은 자유주의 흡수통일을 해야만 한다. 저 북한의 세력이 약해지면 남한이 흡수할 수 있는 기회를 기다려야 할 것이다. 우리 남한이 저 북한을 자유주의로 흡수 통일 할 수 있도록 도우시는 하나님께 기도해야 한다. 많은 성직자들과 성도들이 이를 위해 하나님께 기도하고 있음을 느끼고 있다.

대한민국 사람들이여!

바른 선택을 하여 하나로 뭉쳐라!

김일성 사상을 가진 자들은 돌이키라!

어찌하여 남한의 국민이 북한의 사상을 추앙한단 말인가?

어찌하여 자유주의 나라에서 혜택 받고 사는 자들이 공산주의 사상을 위한단 말인가?

남한의 국민들이여 자유주의로 하나 되라!

8. 영생하려면?

하나님은 한분 하나님이시다.

성부와 성자와 성령은 한분 하나님이시다.

위는 각각 다르나 한분 하나님으로 삼위일체 하나님이라 명칭한다.

구약시대 때는 성자 예수께서 드러나 보이지 않으셨으나, 신약시대에 와서 약속하신대로 이 땅에 육신을 입고 나타나셨다. 구약에서 많은 선지자를 통해 보내주마 하신 메시야가 신약의 그리스도 곧 예수님이시다.

예수님은 다른 사람들과 달리 성령으로 잉태 되었다. 처녀 마리아에게 남자의 씨를 받지 않고 성령으로 잉태된 것이다. 이는 하나님께서 육신을 입고 이 땅에 오신 증거이다. 그러므로 예수님은 완전한 인간이요, 완전한 하나님으로 태어나신 것이다. 죄가 없으신 예수님께서 하나님이심에도 불구하고 낮고 낮은 천한 곳에 왜 오셨을까? 그건 오직 인간을 죄에서 구원하기 위해서이다.

인간은 창세시대에 사탄의 유혹에 빠져 죄인이 되어버렸다. 하나님께서 에덴의 모든 실과는 먹되 에덴 중앙의 선악과는 먹지 말라 하셨다. 먹는 날에는 반드시 죽으리라고 말씀하셨다. 이는 인간의 시조인 아담과 하나님 사이의 언약이었다. 그런데 아담이 언약을 어김으로 말미암아 죄가 들어온 것이다. 인간은 아담의 죄성을 전가 받아 모두 죄인이 된 것이다. 하나님의 말씀에 불순종하여 죄인된 인간은 하나님과 단절되고 말았다. 아담과 그 아내 하와는 에덴에서 추방되었으며, 반드시 죽으리라는 언약의 말씀 따라 흙으로 돌아가야만 했다. 아담은 930세를 살고 죽었으며, 그 후손들 또한 모두 죽음을 보게 되는 것이다.

그러므로 그때부터 하나님께서는 인간이 영생할 수 있는 길을 계획하신 것이다. 바로 예수 그리스도를 통해서 하나님과 단절된 관계를 회복시키시고, 하나님과 함께 영원히 거할 수 있는 길을 여신 것이다. 예수 그리스도를 통해서 죄 사함을 받고 영생할 수 있도록 구원의 은혜를 베푸신 하나님이시다. 모세시대 때 광야에서 불 뱀에 물린 자들이 죽게 되었을 때, 놋으로 불 뱀을 만들어 장대위에 매달아 쳐다본 자는 살았듯이, 십자가에 매달리신 예수님을 마음으로 바라보고 믿는 자는 영생하게 되는 것이다. 일단 육신은 한번 죽더라도 마지막 날에 예수께서 다시 오시면 썩었던 육신이 다시 신령한 몸을 입어 부활하게 된다. 예수께서도 우리 죄를 위해 십자가에서 피 흘려 죽으시고, 장사 지낸바 되셨다가 사흘 만에 부활하여 부활의 첫 열매가 되셨다. 예수 안에 있는 자들도 예수님처럼 부활할 때가 있다. 그전에 십자가에 죽으신 예수님을 믿음으로 말미암아 성령을 선물로 받아 영혼이 먼저 구원을 받게 된다. 구원받은 영혼은 육신의 장막을 벗을 때 천국에 들어간다.

  그러므로 사람들은 영생을 얻기 위해 구원의 장소인 교회로 나와 하나님의 살아계심을 믿고 예배해야 한다. 성령을 받은 사람은 새사람을 입어 그리스도의 사람으로 거듭난다. 성화 과정을 거쳐 예수님의 보혈의 공로로 마침내는 죄 없는 완전한 천국의 시민권자가 되는 것이다.

9. 참 길을 따르라

길은 많다.

많은 길 중 참 길이 있다.

"예수께서 이르시되 내가 곧 길이요 진리요 생명이니 나로 말미 암지 않고는 아버지께로 올 자가 없느니라"(요14:6)

예수께서는 자신이 곧 길이라고 말씀하신다.

이 길은 진리의 길이요 생명의 길이다.

그러면 예수를 따라야 사는 것이다.

많은 사람들이 이 진리를 모른 채 살아가고 있다.

그러나 또 많은 기독교인들이 있다.

이 많은 기독교인들은 예수를 체험했을 것이다. 기독교는 체험신 앙이기 때문이다. 체험을 하려면 일단 믿지는 셈 치더라도 교회로 나와야 한다. 교회는 예수님의 특별한 임재 장소이기 때문이다. 물론 하나님은 무소부재하시다. 그러나 하나님은 대부분 예배를 통해 은혜를 주신다. 교회에 나와 하나님의 말씀을 듣고 깨달음을 받아 회개하고 기도할 때 성령체험의 역사는 일어난다.

하나님은 오래 참아 기다리신다.

오늘도 내일도 그 누군가가 하나님 앞에 나아오기를 하나님은 기다리시고 또 기다리신다. 어느 분은 평생을 기다리시다 임종직전에 받아 주신분도 있다. 성경에는 십자가의 한 강도가 그렇다. 십자가는 당시 사형 틀이었다. 예수님 옆 십자가에서 사형 당하면서 예수님을 영접하게 된 계기이다.

"예수께서 이르시되 내가 진실로 네(강도)게 이르노니 오늘 네가 나와 함께 낙원(천국)에 있으리라 하시니라"(눅23:43)

살아생전 누구든지 예수를 믿으면 천국 간다는 십자가 복음을 들은 자들은 이와 같이 죽음 직전에서라도 예수 이름으로 회개하고 기도하길 바란다.

교회에 나가 헌금할 돈이 없다고, 가난하게 살아 자존심이 상한다고 등 이 핑계 저 핑계 삼아 교회에 나오지 못한 사람들은 어찌할꼬....., 질병도 많고 사고도 재앙도 많은 시대에 언제 떠날지 모르는 인생인걸..... 한 알의 밀알도 땅에 떨어져 썩어지면 다시 돋아나 밀알의 열매를 맺히듯이 인간들의 생명도 마찬가지인걸.....

누가 내세가 없다고 장담하는가?

만약 내세가 없다면 먹고 즐기자 할 것을 무엇 때문에 선을 베풀며 살겠는가? 저 세상에서 인생의 심판이 있을 것이다. 강도도 구원받았거늘 지은 죄가 많아서 교회에 나가지 못한다 하는가? 그러면 그 죄 값은 어찌어찌 치룰 것인가? 하나님은 제아무리 큰 죄도 모두 용서해 주시는 능력이 있고도 남음이 있다. 예수님의 보혈을 의지해 죄 사함 받고 하나님과 화목하길 바라는 바이다.

10. 천하보다 귀한 한 생명

하나님의 역사는 무궁무진하다.

하나님은 능치 못할 일이 없으시다.

하나님은 당신께서 뜻하신 바를 반드시 이루시는 분이시다.

천지를 창조하시고 사람을 창조하신 분으로서 세계를 다스리시는 하나님이시나.

하나님의 구원 사역은 하나님의 사역 중 중점을 이룬다. 그런데 세상은 썩어질 것에 중점을 둔다. 세상 일이 중요하지 않다는 뜻은 아니나, 그 보다 더 중요한 일이 있음을 깨달아야 할 것이다.

예수께서는 "너희는 먼저 그의 나라와 그의 의를 구하라"고 말씀하신다(마6:33). 이는 하나님의 구원 사역이 먼저라는 뜻이다. 사람마다 각자의 위치에서 예수 그리스도를 증거 하는 삶을 살아가야 할 것이다. 예수 안에 생명이 있고 영생이 있기 때문이다. 시대는 마지막 시대에 이르렀다. 세계가 하나님께 속해 성경대로 이루어져 간다. 성경은 창조에서 마지막 심판까지 기록하고 있다. 하나님은 시작과 끝이요 처음과 나중이시다(계21:6). 헬라어로는 알파와 오메가이시다. 알파는 헬라어 첫 문자요 오메가는 헬라어 마지막 문자이다. 시작이 있으면 끝이 있듯이 이 세상도 끝날 때가 있다는 것이다. 하나님께서 창조로 시작하셨으니 하나님께서 끝낼 것이다. 많은 과학자들이 지구의 종말을 논하고 있지 않는가? 베드로후서에서는 하늘이 큰 소리로 떠나가고 물질이 뜨거운 불에 풀어지고 땅과 그 중에 있는 모든 일이 드러날 때(타질 때)가 있음을 기록하고 있다. 하나님의 예언은 모두 성취된 것으로 보아 이 일 또한 반드시 성취될 것을 믿는다. 만약 이런 일이 일어날 것을 안다면 세상일에만 태연히 몰두 할 수 없을 것이다. 그러기에 우리 기독교인들은 너나나나 앞 다투어 천국복음을 전파하고 있는 것이 아니겠는가? 천국은 예수 안에 있는 자들이 가는 곳이기 때문이다. 천국은 하나님의 보좌가 있는 곳이다. 육신은 죽음을 맞아도 영혼은 불멸의 사후 세계를 맞이한다. 물론 육신 또한 썩어져 신령한 몸으로 차원 높여 다시 소생(부활)할 때가 있다.

사실은 "나"라는 존재가 육체가 아니라 영혼임을 직시해야 한다. 육체는 이 땅에서 잠시 나그네 생활을 하는 동안 영혼을 담고 있는 껍데기에 불과하다고 볼 수 있다. 콩깍지 안에 콩이 담겨져 있다. 콩의 참 생명은 콩깍지에 있지 않고 알맹이 콩에 있듯이, 인간의 참 생명도 육체에 있지 않고 영혼에 있는 것이다. 콩의 존재가 알맹이에 있듯이 "나"라는 존재 또한 육체가 아닌 영혼에 있다.

사람의 죽음이란 두 가지 경우가 있다.

　첫째 죽음은 영혼을 담고 있는 육체의 죽음이요, 둘째는 영혼의 죽음이다. 육체의 죽음은 몸과 영혼이 분리되는 현상으로, 이 땅에 태어난 자면 누구나 한번은 겪게 되는 것이다. 이를 두고 성경은 "한번 죽는 것은 사람에게 정해진 것이요 그 후에는 심판이 있으리니"라고 기록하고 있다(히9:27). 예수님도 완전한 인간으로 태어나 한번은 죽으셨다. 단지 예수님은 십자가에서 인류의 죄 값을 치루기 위해 죽으신 것이다. 예수님을 믿고 따르는 자는 죄 사함을 받고 영생을 얻게 된다.

　둘째 죽음은 영혼의 죽음이다. 영혼의 죽음이란 사후에 천국에 들어가지 못하고 지옥(불 못)에 가는 것을 말한다(계20:14). 불행하게도 이 둘째 사망을 맞는다면 불 못에서 영원히 고통 받아야 한다. 하나님은 사랑의 하나님이시지만 공의대로 심판하시는 하나님이시다. 예수를 믿지 않으면 죄 값을 치루지 못해 천국에 들이지 못하고 지옥으로 보낼 수밖에 없는 것이 하나님의 공의로운 심판이시다. 그러나 하나님은 심판하시기를 결코 좋아하신 분이 아니시다. 하나님은 모든 사람이 구원을 받아 천국에 들어오기를 원하신다(딤전2:4). 이 글 또한 많은 사람이 천국에 들어오기를 바라는 간절한 마음으로 쓰고 있다. 가능하면 모든 사람이 천국에 이르기를 원한다. 한 생명은 천하보다 귀함을 말씀하신 예수님이시다(마16:26). 만일 온 천하를 얻고도 제 목숨을 잃으면 무슨 소용이 있는가? 모

든 사람은 영생을 누릴 가치가 있지 않는가? 그만큼 영혼의 생명이
중요하다는 말을 하고 있는 것이다.

사람들이여!
예수 앞에 나와 죄 사함 받고 성령을 선물로 받아 영생하라!

11. 메시야의 왕국

복음은 기쁜 소식이다.

예수 그리스도의 복음이다.

예수 그리스도는 하나님의 뜻으로 이 땅에 성육신 하셨다.

공자, 맹자 등 여러 성자들이 있다하나, 예수 그리스도는 이들과 달리 하늘에서 내려오셨다. 하늘 보좌를 비워 두시고 낮고 낮은, 천하고 천한 마구간을 빌려 태어나셨다. 이스라엘 유대 땅 베들레헴에 다윗의 족보를 타고 오신 것이다.

"아브라함과 다윗의 자손 예수 그리스도의 계보라"(마1:1)

아브라함은 믿음의 조상이요, 하나님의 벗이요(사41:8), 사라에게서 독자 이삭을 낳아 믿음의 계보를 이었다. 독자 이삭은 예수님을 예표 하는 인물로서 야곱(이스라엘)을 낳고, 야곱은 12지파를 형성하여 이스라엘이란 믿음의 나라를 이루었다. 훗날 이스라엘에 왕을 대표하는 다윗 왕이 나타난 것이다. 이 모든 일은 설화도 아니요, 전설도 아니요, 실존하는 실제적 역사이다. 다윗 왕가에서 예수님이 태어났다는 사실은 지금의 유대인들도 아는 이야기이다. 하나님은 다윗에게 언약을 주셨다. 그 언약은 다윗의 왕가에서 왕위가 끊어지지 않을 것이라는 영원한 언약이었다(삼하7장). 궁극적으로 이 언약 즉 다윗의 언약은 예수 그리스도를 통해 온전히 성취된 셈이다.

예수님은 유대인의 왕이라는 죄목 하에 죽임을 당했으나, 예수님의 나라는 하나님의 나라였다. 나라의 역사를 큰 틀에서 보자면 앗수르, 바벨론, 페르시아, 헬라, 로마의 5대 제국을 거쳐 오늘에 이르렀다. 다니엘서 2장을 보면 궁극적으로 제국의 세상 나라는 사라지고 예수 그리스도를 왕으로 모시는 오직 한 나라, 즉 메시야의 왕국이 이루어질 것을 예언하고 있다. 예수 그리스도께서 재림하시면 세상 나라는 예수 그리스도에 의해 종말을 맞는다는 것이다. 오직 예수를 믿는 하나님의 백성들이 살아남아 예수와 함께 왕 노릇 할 것이다.

"그들로 우리 하나님 앞에서 나라와 제사장들을 삼으셨으니 그들이 땅에서 왕노릇 하리로다"(계5:10)

"이 첫째 부활에 참여하는 자들은 복이 있고 거룩하도다 둘째 사망이 그들을 다스리는 권세가 없고 도리어 그들이 하나님과 그리

스도의 제사장이 되어 천년동안 그리스도와 더불어 왕 노릇 하리
라"(계20:6)

　여기서 첫째 부활은 그리스도의 참된 제자이자 하나님의 거룩한
백성들이 부활하는 것으로서, 둘째 사망 곧 지옥에 가지 않는 자들
의 부활이다. 이 첫째 부활에 참예하는 자들은 참으로 복된 자들이
다. 이들은 영원한 형벌을 면제받은 자들이요 그리스도의 제사장이
되어 천년동안 왕 노릇 할 것은 물론, 세세무궁토록 영생할 것이다.

　사람들아 그러므로 예수를 잘 믿어 이 첫째 부활에 참예하는 자
들이 되자!
　그리스도와 함께 세세무궁토록 천국을 누리자!
　하나님은 미쁘사 모든 죄를 자복하면 용서 하시리라(요일1:9).

12. 삶의 고백

하나님은 사랑이시다(요일4:8).

하나님의 사랑이 없었더라면 어찌 되었을까 가끔 생각해 본다.

아마도 하나님의 관심과 지키심이 아니었더라면 필자는 살지 못했을 것을 생각해본다. 죽음의 위기를 수번 넘기고, 아찔한 상황에서도 하나님은 매번 나를 지켜내셨다.

2004년도 광주에서의 큰 영적환난, 2019년도부터 5년간의 암 투병, 물질적 궁핍함, 심적 부담감과 고독 등 모두가 하나님의 사랑이 있었기에 견뎌낼 수 있었다. 밤이면 밤마다, 아침이면 아침마다 기도 줄을 놓지 않게 하셨고, 끊임없는 하나님의 훈련 속에서도 하나님의 사랑 줄을 놓지 않게 하셨다.

남들처럼 목회 잘하는 목사로, 또한 가정에 화목을 이루는 목사로 살고 싶었지만 그렇지 못했다. 이런 내 인생을 생각할 때마다 자존감을 잃기도 했으며, 때론 하나님께 형편없는 불평을 털어놓기도 했었다. 하나님은 나의 불평을 다 들어 주시고 묵묵히 때를 기다려 주셨다. 절망과 슬픔에 빠진 내게 늘 위로를 주시고 힘을 주셨다. 때론 하나님 품을 떠나고 싶을 때도 있었지만 하나님은 늘 나를 붙

잡아 주셨다. 오가는 교제 속에서 내 자신을 발견하고, 이제는 묵묵히 사명의 길을 갈 수 밖에 없는 처지임을 깨닫게 된다.

  나를 어느 정도 부정하기까지 20년이란 세월이 흘렀다. 2004년도 봄날에 영적환난을 겪고, 몸 하나 덜렁 비행기에 얹고 서울에 왔었다. 나를 향한 하나님의 본격적인 훈련은 그때부터 올해로 딱 20년이다. 10여년의 신학과 음악공부를 하고, 지금 "원미산 진달래축제"가 한창인 부천 한곳에 터를 잡았다. 오늘이 성금요일, 모래 아침이면 부활의 아침을 맞는다. 20년 전 그 잊지 못할 부활절에 서울에 상경했으니, 부활절은 예나 지금이나 아주 중요한 절기로 찾아온다. 많은 성도들과 함께 부활의 아침을 맞는다면 얼마나 좋으랴? 어느 목사든 많은 성도들을 거느리고 싶을 것이다. 그러나 내겐 허락되지 않는 꿈같은 일인 듯만 하다.
  '송명희' 시인의 "나"라는 찬양시가 떠오른다.
  나, 가진 재물, 건강 없으나, 공평하신 하나님이 나, 남이 없는 것 갖게 하셨다는...., 하나님은 내게 남이 부러울만한 재물과 건강과 가정 등 눈에 보이는 화려한 삶을 주시지 않으셨으나, 남이 갖지 못한 특별한 은사들을 주셨다. 노래를 짓고, 글을 쓰고, 많은 영적 깨달음을 주셨다. 주거니 받거니 대화를 하며 하나님의 존재를 보다 쉽게 느낄 수 있다. 치유의 은사도 주시고, 다양한 방언의 은사도 주셨다. 신학교를 톱(TOP)으로 졸업하는 지식의 은사도 주셨다.

요즘은 매일 아침 말씀한구절로 짤막한 해석을 덧붙여 여러 SNS에 올리는 은혜도 주시고 있다.

주위에 많은 사람들이 있지만 거의 혼자 지내는 입장이다. 어느 글쟁이는 고독해야 글이 나온다는 말을 한다. 필자는 이 말에 깊이 공감한다. 하나님은 늘 나의 주위를 점검하시고 관섭 하신다. 나들이 가기를 좋아한 내게 늘 근신하게 하신다. 요즘은 생소한 "족저 근막염"으로 자동 근신여가 되어버렸다. 대신 생활공간과 옥상에 화초나 채소들을 심어 기쁨을 주시니 그저 모든 것이 감사할 뿐이다.

겨우내 잎이 진 화초들도 잎을 내고 꽃을 피웠다. 뿌리만 살아 있다면 반드시 새순을 피우니 자연의 섭리하심은 마냥 신비롭기만 하다. 인간의 육체도 썩어지고 나면 새 몸을 입는 부활을 갖게 되는데, 이에 공감하며 살아가니 범사에 감사이다. 살지 못할 것처럼 가망성 없어 보인 식물도 사랑을 주고 기다리면 엔젠가는 놀랍게도 꽃을 피우고 기쁨을 선사한다. 옥상에 비둘기들은 나를 좋아한다. 가끔 쌀 한줌씩 던져주기 때문이다. 마침 제 밥 주는 주인인 양 내 뒤를 졸랑졸랑 따라 다닌 것을 보면 그마저도 흥미롭다. 따뜻한 봄이면 모든 것이 새롭고 신비롭기 그지없다. 이 모두가 하나님께서 내게 베푸신 은혜임을 고백하는데, 어떠한 경우든 하나님은 나를 사랑하시고 지켜보고 계심을 믿고, 선한 삶을 살아가리라 다짐해 본다.

13. 예수님의 고백

　사랑하는 나의 신부야!

　너의 마음은 고된 훈련에 상처투성이로구나.

　어찌하면 그 상처 보듬어 줄 수 있을까? 생각하고 또 생각해보지만, 너를 향한 중한 사역에 미안한 마음뿐이구나. 가끔 쓰린 가슴을 쓸어내리는 너를 보며 나는 어찌 생각한지 아느냐? 그저 바라만 볼 수밖에 없구나. 대망의 날이 올 때까지 잘 견뎌주길 바라노라. 아직까지 그 무엇도 속 시원하니 터줄 수 없는 나의 마음을 조금이나마 헤아려주길 바라노라.

　근래에 와서 말수가 준 너는 나의 가장 아픈 손가락이구나.

　어디론가 떠나 휴식하고픈 너는 나의 사랑 안에 거해주길 바라노라. 미우면 밉다고 말하고, 서운하면 서운하다고 말하려무나. 너의 투정은 무엇이든 받아주고 싶구나. 나와 함께 살자 해놓고 별로 행복하지 않은듯하여 마음이 아프단다. 조금만 견뎌주면 반드시 좋은 일 만들어 주리라. 너를 향한 특별한 사역은 도저히 접을 수가 없구나. 너의 마음을 차지하기 위해 온갖 훈련 시켜놓고, 포기할 수 없는 내 사랑, 너는 귀하고 귀한 존재로다.

누가 너처럼 살 수 있을까? 때론 다 털고 빠져나가주길 바라는 마음도 있었단다. 그러나 나의 마음을 잘 알아버린 너는 참 바보스럽기도 하구나. 이리 봐도 내 사랑 저리 봐도 내 사랑이거늘, 내가 세워준 그 자리에 여전히 버티고 있는 너는 참 희귀하도다. 너를 지켜본 나는 반드시 너를 세워 주리라 다짐을 한단다.

꽃들을 좋아하고 새들을 좋아하는 너는 착하고 순수한 마음이로다. 어릴 적 너를 보면서 생각했던 그 모습 그대로 많이 느끼고 있단다. 강가에서 대사리를 잡을 때 지켜보았던 너는 네 일에 아주 책임감이 강한 아이였지. 지금도 홀로 네 할 일을 아주 잘 하고 있구나. 앞으로도 끝까지 사명을 잘 감당해 주리라 믿는다.

울밑에 선 봉선화처럼 손대면 '툭'하고 터질 것만 같다가도 당차고 야무진 너는 나의 보배롭고 존귀한자라. 욕심이 없는 것 같다가도 욕심 많은 너는 종잡을 수 없을 때도 있었단다. 나를 향해 엎드릴 때는 아주 여린 아이 같다가도 소리쳐 항변할 때는 나도 너를 어찌할 바를 모르겠더라. 국어 선생님처럼 조목조목 따지는 너의 말에 할 말을 잃을 때도 많았단다. 야곱이 나를 이겼듯이 이제는 너를 이겨보려 해서는 안 되겠구나 생각하며 가능하면 나는 너에게 져주려 하고 있단다.

나의 사랑 나의 신부야!

전에는 내 사랑아! 불러주면 그저 좋아했는데, 모진 훈련에 나를 피하려 할 때는 참으로 괴로웠단다. 너와 나 속히 좋은 일을 이루어 화목하고 행복해지길 원하노라 이제는 너도 많이 유순해지고 나도 너를 다루는 솜씨가 제법 늘었으니, 올해는 보다 행복하지 않겠니? 4월까지 네 번째 서적을 잘 마쳐 보자구나. 사랑한다! 나의 사랑아!

14. 사랑하는 대한민국이여!

서울은 대한민국의 특별도시이다.

많은 사람들이 서울에 밀집되어 있다.

급성장하여 경제발전을 가져온 서울은 대한민국의 기치이다.

나 여호와는 예수와 함께 대한민국을 지킬 것이다. 저 북한이 제
아무리 삼키려 한 듯 절대로 내어주지 않을 것이다. 오히려 서울을
지켜 세계만방에 높이 세울 것이다. 수십 년에 거쳐 대한민국을 발
전시킨 나 여호와는 앞으로도 더욱 발전시켜 번영하게 할 것이다.

대한민국을 무너뜨릴 자 누구랴?

그 누구도 없으리라!

세계가 내게 속하였나니 이스라엘과 같은 대한민국은 나 여호와
의 피와 살이라. 대한민국을 통해 예수 신앙을 높이고, 진리의 빛을
비추어 내리라. 교회들이여 빛을 발하라. 교회가 모여 예수 사랑을
세계만방에 더욱 확장하여라. 세상 끝 날까지 함께 하리라.

사과가 비싸면 얼마나 비싸랴? 대파가 비싸면 얼마나 비싸랴?

천하를 얻고도 생명을 잃으면 아무 소용이 없는걸..., 비싸면 비

싼 대로 싸면 싼 대로 대한민국만큼은 진리의 기반을 두고 무너지
지 않으리라.

  대한민국 사람들아! 힘을 내라!
  서로서로 자유연대 하여 힘을 돋우라!
  대통령이 나라를 망쳤느냐? 나는 다 알고 있노라. 누가누가 잘하
고 누가누가 못하는 줄 다 알고 있노라. 나 여호와는 사람의 폐부를
꿰뚫어보고 있노라. 살고 싶거든 바른 정치를 할 것이라. 서로 분쟁
하고는 서지 못하리라. 온 국민이 한마음으로 한뜻을 이룰 때 세계
정상국가로 세워 주리라.

  정치인들이여! 개인의 욕심을 낮추고 사회와 국민들을 생각하라.
대통령은 내가 세웠노라. 옛 말에 왕은 하늘이 낸다하지 않느냐? 내
가 세운 대통령을 끌어내리려한다면, 그는 나 여호와를 대적한자
라. 나를 대적한 나라들은 서지 못할 줄 알지어다. 미국을 보아라.
미국은 내가 세운 나라라. 대한민국도 내가 세운 나라라. 내 나라
곧 내가 세운 나라를 대적한 나라 또한 내가 보응하리라. 저 북한은
남한을 삼키려 한다면 끝내 멸망하리라.

  5천만 국민이여!
  너희는 소중한 대한민국을 수호하라.

나라 잃은 설움은 말로 표현할 수 없이 슬픈 일임을 직시하라. 공산주의 사상을 가진 자들은 바로 돌이키라. 어찌 자유주의 대한에서 헛된 꿈을 꾼단 말이냐? 생명이 그만큼 소중하기에 지켜보고 있으나, 언젠가는 모든 것이 드러나리라.

나 여호와는 세월호 참사도, 이태원 참사도 모두 보았노라. 광주 5.18 현장도 보았노라. 말하기 조심스러우나 마지막 날에 모두 드러나리라. 회개하는 자는 살고 끝까지 회개치 않는 자는 죽으리라. 죄짓고는 못산다 했노라. 죄 많은 자가 자신의 양심을 속이고 어찌 서겠느냐? 손바닥으로 하늘을 가리려느냐? 나 여호와를 속이려거든 자신의 양심을 속일지라. 내 앞에는 많은 책들이 있노라. 이 책들에 개개인의 선한일과 악한 일들이 낱낱이 기록되어 가노라. 누구든 사람에게 영혼이 있다는 것을 짐작하거든 그는 바른 삶을 살 것이라.

기독교의 하나님, 나 여호와는 의의 하나님, 공의의 하나님이라. 긍휼을 베풀 자에게 긍휼을 베풀고, 은혜를 베풀 자에게 은혜를 베풀리라. 아멘!

2024년 3월 30일 이른 새벽에,
성령의 음성을 받아서.....

15. 하나님은 나의 목자

의인 세 명을 들자면 노아, 다니엘, 욥을 들 수 있다(겔14;14).
노아는 하나님의 지시하심 따라 방주를 지었고, 다니엘은 비록
포로로 끌려갔으나 이방 땅 바벨론 왕을 감동시킨 참 신앙인이다.
욥은 영문도 모를 심한 고통 중에서도 여호와 신앙을 버리지 않았
다. 후에 갑절의 축복을 받은 참 신앙인이다. 이들은 모두가 참 신
앙인이었다. 오직 여화와 신앙, 오직 하나님이었다. 하나님은 자신
을 의지하고 바라볼 때 그를 높여 주신다. 어떠한 환난 중에서도 하
나님을 신뢰할 때 하나님은 그를 붙들어 주신다.

"내가 사망의 음침한 골짜기로 다닐지라도 해를 두려워하지 않
을 것은 주께서 나와 함께 하심이라 주의 지팡이와 막대기가 나를
안위하시나이다"(시23:4)

다윗은 하나님을 "나의 목자"로 삼고 살았다. 목자는 어리석은 양
을 잘 인도한다. 이처럼 하나님께서도 자신의 백성들을 잘 이끄신
다. 애굽에서 이스라엘을 끌어내신 하나님을 생각해보라! 노예로

평생 살아가야 할 250여만의 이스라엘 백성들을 출애굽 시키셨다. 애굽에 10가지 재앙을 내리시고, 자신의 백성인 이스라엘을 보호 하시어 당당히 끌어내셨다. 오히려 많은 금, 은 패물, 의복 등을 은 혜로 받아 챙겨 나오게 하셨다. 홍해를 갈라 마른땅을 건너게 하시 고, 애굽 군사들은 홍해에 수장 시키셨다. 뿐만 아니라 40년 광야 생활에 하늘에서 만나를 비같이 내려 먹이시고, 1개월간 메추라기 를 보내 고기를 실컷 먹이셨다. 반석을 쪼개 생수를 시내같이 흐르 게 하여 목마름을 해결해 주시고, 의복이 해지지 않고 발이 부르트 지 않게 하셨다. 낮에는 더위를 피해 구름기둥으로, 밤에는 추위를 피해 불기둥으로 역사하셨다. 사기 백성을 대직한 이말렉을 처내고 아모리 왕 시혼과 바산 왕 옥을 죽이셨다.

　40년 광야생활을 마치고 약속한 가나안 땅을 진격하게 하셨다. 가나안 7족을 멸하고 그 땅을 자기 백성에게 분배해 주셨다. 이런 하나님은 끝까지 자기 백성을 살리신 하나님이시다. 신약에 와서 12제자 중 마귀의 자식 가룟 유다를 제외하고 모두 사도로 삼으셨 다. 이 사도들을 통해 오늘의 복음천지를 이루게 하셨다. 복음은 빠 르게 퍼져 이젠 온 세상을 덮었다. 대한민국 땅에도 복음이 들어 온 지 150여년의 세월이 흘렀다. 골목 곳곳에 십자가를 세웠다. 세계 적으로 큰 교회들이 대한민국에 있다는 소식도 접한다. 이는 하나 님의 계획 하에 진행된 역사적 사실이다. 그 누구도 그 무엇도 하나님의 불꽃같은 사역을 막지 못할 것이다. 설사 막는다 하여도 더욱 부흥할 것이다. 사단이 예수를 십자가에 못 박아 죽이고 이겼노라고 만세를 불렀으나 예수는 오히려 사망을 이기고 부활하셨다. 마귀의 자식 가룟 유다는 목매어 죽고, 스승을 판돈 은 30은 써보지도 못했구나. 이처럼 예수를 대적한 자는 살지 못할 것이라. 예수를 핍박하고도 잘만 산다고 노래하지 말라. 잠시잠깐 잘 살수는 있으나 결국은 멸망이니라. 하나님은 선하신 하나님, 의로우신 하나님이시라. 선한 일을 한자는 선한 것으로, 악한 일을 한자는 악한 것으로 보응할 것이라. 다만 보응 받기 전에 회개하거든 용서함 받으리라.

16. 부활의 소망

　부활은 성도들의 큰 소망이다.

　영적부활, 육적부활 모두 이룰 것을 소망한다.

　부활의 소망이 없으면 믿음도 약해진다. 믿음이 없이는 하나님을 기쁘시게 못하나니 부활은 참으로 중요하다. 예수님은 장사 지낸 지 삼일 만에 부활하셨다. 부활체의 몸으로 제자들에게 보이시고, 500여 형제들에게 일시에 보이셨다. 부활 후에 제자들을 찾아오신 예수님은 그전 육체와 달라 제자들은 놀라기도 했다.

　예수님의 죽음 후 두려워 떨어야만 했던 제자들은 예수님의 장례도 치루지 못하고 방안에 방문을 잠그고 있었던 것이다. 시공간을 초월한 부활의 예수님은 순식간에 나타나 "평강이 있을지어다"고 말씀하셨다. 제자들은 영인가 했었다. 그러나 부활하신 예수님은 평강을 선포하셨다. 제자들을 안심시키셨다. 여러 번 제자들에게 나타나신 예수님은 그때그때마다 자신의 부활을 더욱더 확증시키셨다. 의심 많은 도마에게는 손과 옆구리의 못자국과 창자국에 손을 넣어보라 하셨다. 사도 바울은 만약 부활이 없으면 우리 믿음도 헛것이요, 우리 믿는 자들이 제일 불쌍하다 할 정도로 부활의 중요성을 강조했다. 사도바울 자신도 부활하신 예수님을 보았다고 증언하고 있다(고전15:8). 사탄은 교묘하게 예수님의 부활을 감추려 하였지만 예수님은 그토록 교회를 박해하던 바울에게까지 나타나 오히려 바울을 예수 부활의 증거자로 세우셨다.

부활은 사망을 이기고 일어난 일이다.

"이 썩을 것이 반드시 썩지 아니할 것을 입겠고 이 죽을 것이 죽지 아니함을 입으리로다"(고전15:53)

위의 말씀은 현재 인간이 가지고 있는 썩을 육신이 반드시 썩지 않을 육신(몸)으로 부활한다는 뜻이다. 예수님은 "나는 부활이요 생명이니 나를 믿는 자는 죽어도 살겠고, 무릇 살아서 나를 믿는 자는 영원히 죽지 아니하리라"고 말씀하셨다. 이 말씀은 성도들의 부활을 뜻한다. 죽어도 산다는 것은 비록 육신은 썩어져 신령한 몸을 입기 위해 기다리는 중일지라도 영혼은 천국에 이르러 새 삶을 산다는 것이다. 육신은 썩어져 썩지 아니할 것을 입기 위해 잠자는 중이니 잠들었으면 반드시 깨어날 때가 있다. 때가 되면 곧 예수님 재림하시면, 무덤이 열리고 신령한 몸을 입은 성도들이 잠에서 깨어나게 된다. 그때는 세상 끝임과 동시에 새로운 세상이 열릴 때이다. 세상 끝 날, 그날에 육신의 죽음을 보지 않고 살아 있는 자는 썩어질 몸이 썩지 아니할 신령한 몸으로 순식간에 변화 될 것이다.

　부활의 증거들은 차고도 넘친다. 그중 빈 무덤은 확실한 증거이다. 베드로와 요한은 여인들의 부활소식을 접하고 예수님의 무덤으로 달려가 빈 무덤을 확인했다. 무엇보다 성경이 부활을 증거하고 있다. 성경 곳곳에, 특히 복음서에는 예수님의 부활을 확실히 증거하고 있다(마28장, 막16장, 눅24장, 요20장). 사도 바울이 기록한 고린도전서 15장은 부활장으로 불리고 있다.

새벽의 힘

사망아 너의 쏘는 것 어디?
사망아 너의 승리는 어디?
사망아 너는 족히 잠잠 하라!

큰 장수 예수 그리스도는
무덤을 깨고 벌떡 일어나
음부의 권세 깨 부셨도다.

참 빛이 어찌 어둠에

참 빛이 어찌 무덤에
참 빛이 어찌 잠잠하랴!

세 개의 못 여우들아!
너희 권세가 어디냐?
너희 힘이 무엇이냐?

고작 발뒤꿈치 상처
삼일 후 초자연적 완치
다시는 덤빌 엄두 못 내리

큰 장수 우리 님의 승리는
자기 사람들에게 전가되어
그들도 사망권세 이기도다.

2024년 03월 31일 부활절 이른 새벽에
신보은 지음

17. 용서하시는 하나님

　감사하는 삶은 은혜를 받는다.

　많이 가져도 불평하는 자가 있는가하면 적게 가져도 감사하는 자가 있다. 사도 바울은 풍부와 궁핍에도 처할 줄 아는 일체의 비결을 배웠다고 말하고 있다(빌4:12). 풍부할 때는 나누어 쓰면 복이 되고, 궁핍할 때는 이웃의 도움을 받아도 은혜가 된다. 사회는 이렇게 주거니 받거니 서로서로 의지하여 공동체로서 연대를 가지고 살아가야 사는 맛이다. 특히 기독교 형제 안에서는 이러한 공동체 사랑이 세계로 퍼져 나가고 있다. 물론 불신자들도 나누어 쓰고 봉사하는 좋은 사람들이 많이 있다. 그러나 이는 하나님 사랑 안에서 이루어져 갈 때 극대화를 이룬다고 볼 수 있다. 유기적 연결고리가 하나님께 존속돼 있기 때문이다. 하여튼 신자든 불신자든 사회 공동체를 이뤄감에 있어서 사랑과 봉사 정신은 꼭 필요하고 그 차지하는 비중이 크다.

　나라에서도 복지가 있지만은 나라의 손길이 닿지 않는 사각지대들이 있기 마련이다. 오죽했으면 콩 한쪽도 나누어 먹는다고 하지 않는가? 콩 한쪽까지는 그렇지만 사과한쪽이라도 나눠 먹을 때 사랑은 싹트기 시작한다. 천국은 시기, 질투, 다툼, 미움이 없는 곳이다. 이런 사회는 참으로 살기 좋은 평화로운 사회이다. 머지않아 메시야 왕국을 이루게 된다면 이러한 참 평화의 나라가 이루어질 것이다. 죄성을 제거하고 죄를 들여온 사탄 마귀를 결박해 무저갱에 쳐 넣을 때는 그 평화의 나라가 이루어질 것이다.

"다시는 사망이 없고 애통하는 것이나 곡하는 것이나 아픈 것이 다시 있지 아니하리니 처음 것들이 다 지나갔음이러라"(계21:4)

예수님이 다시 오셔서 통치하는 나라가 이루어지면 위의 말씀과 같은 시대에 이른다. 우리는 이 나라의 주인공들이 되기 위해 치러야 할 대가가 있다. 그것은 이 땅에 살아생전 예수 그리스도 안에 하나님의 권속으로 인침 받아야 한다. 성령의 인(印)맞은 자들은 하나님의 자녀로서 천국을 상속 받을 것이다. 누구든지 예수의 이름으로 하나님을 경배하는 자가 되어야 한다. 예수의 이름으로 말미암아 하나님과 화목해질 수 있는 것이다. 하나님은 미쁘사 우리 죄를 자복하면 모두 용서해 주신다. 한번 용서 받은 죄는 하나님께서 다시 기억하지 않으신다.

"다시 우리를 불쌍히 여기셔서 우리의 죄악을 발로 밟으시고 우리의 모든 죄를 깊은 바다에 던지시리이다"(미7:19)

하나님은 이처럼 사랑과 용서의 하나님이시다. 죄를 자복하면 용서하시는 하나님은 인간을 향한 그 사랑이 하늘보다 넓고 바다보다 깊다. 그러면 우리도 내게 잘못한 사람에게 용서를 베풀며 살아야 함을 깨닫게 된다. 다만 죄를 지은 사람은 회개의 과정이 있어야 할 것이다. 죄는 크나 작으나 죄이지만, 하나님 앞에서는 모든 인간이 죄인이다. 그러므로 꼭 예수 앞에 나아와 예수의 이름으로 죄사함을 받아야 한다. 하나님 앞에서 가장 큰 죄인은 이 땅에서 많은 죄를 짓고도 죄 문제가 해결되지 않고 그대로 남아 있는 자이다. 그러나 이 땅에서 제아무리 많고 큰 죄를 지었더라도 죄사함 받은 자는 깨끗한 자이다. 예수 그리스도의 보혈은 주홍같이 붉은 죄를 눈같이 희게 하는 능력이 있다(사1:18)

18. 다 이루었다

첫 사람 아담은 하나님의 말씀에 불순종하여 죄를 지었다. 그 후 모든 인간은 아담의 죄를 전가 받아 죄인이 되고 말았다. 죄인 된 인간은 하나님과 함께 할 수 없었다. 그래서 하나님은 독생자 예수 그리스도를 통해 화목의 다리를 놓으셨다. 하나님과 인간 사이에 화목의 다리를 놓으신 것이다. 그것이 바로 하나님이 인간을 향한 십자가의 사랑이다. 십자가에 예수 그리스도를 내어줌으로 죄 값을 대신 치르게 하신 것이다. 십자가에 죽음과 부활을 믿는 자들은 회개하여 죄 사함 받음으로서 하나님과 화목할 수 있는 것이다.

예수께서는 십자가에서 피 흘리시며 말씀하신 칠언이 있다.

그중 "다 이루었다"(요19:30)라는 말씀은 죄 값을 다 치렀다(지불했다)란 뜻이다. 온 몸의 물과 피를 다 쏟아 죽음에 이르기까지 인류의 죄 값을 치르신 예수님의 거대 사역이시다. 누구든 이 사건을 믿고 하나님을 경외하는 자는 영생을 얻을 것이다.

"하나님이 세상을 이처럼 사랑하사 독생자를 주셨으니 이는 그를 믿는 자마다 멸망하지 않고 영생을 얻게 하려 하심이라"(요3:16)

영생은 하나님께서 독생자 예수 그리스도를 믿는 자들에게 누리게 하실 것이다. 한번 죽으면 그만이지 내세는 무슨 말이냐? 하는 자들은 영생을 얻지 못하고 음부에 영벌 될 것이다. 음부 곧 지옥은 불 못이다. 구더기도 죽지 않고 사는 곳 불 못이다(막9:48). 사람의 상식으로 생각지 말 것은, 본디 사람은 유한한 지식의 소유자이다. 하나님은 무한한 지식과 지혜자이시며, 무에서 유를 창조하신 이시다. 천지를 창조하신 분이 하나님이시며, 인간을 창조하신 분이 하나님이시다. 풀 한포기 물 한 방울 내지 못한 인간이 어찌 하나님의 크신 생각을 다 알겠는가? 우주만물을 창조하시고 다스리시는 하나님은 이 지구 또한 다스리시고 계신다. 대한민국 또한 다스리시고 계신다. 개개인 생각과 마음을 꿰뚫어 보시는 하나님이시다. 얽히고 섞인 실올타리 같은 인간관계를 다 아시고 계신다.

내가 하나님을 알지 못한다고 대적하지 말라. 괜히 대적해서 화를 자초하지 말라. 하나님의 교회를 핍박하지 말라. 하나님의 사역자들을 박해하지 말라. 하나님은 복주실자에게 복을 주시며 화를 내리실 자에게 화를 내리신다. 예수님은 이스라엘 종교지도자들에게도 화를 선포하셨다(마23:13-36). "뱀들아 독사의 새끼들아 너희가 어떻게 지옥의 판결을 피하겠느냐"(마23:33)라며 일곱 가지 화를 낱낱이 선포하셨다. 이 땅에서 잘 먹고 잘 산다고 뽐낼 것이 아니다. 높은 지위, 높은 명예, 지식을 자랑하지 말라. 그날에는 즉 심판 날에는 높은 자들이 낮아지고 낮은 자들이 높아질 변수가 많을 것이다. 부자와 거지 나사로가 그 실례이다. 부자는 지옥에, 거지 나사로는 천국에 들어갔다. 재물을 쌓고 또 쌓는 자들은 그 영혼이 떠나는 날에 그 재물이 뉘 것이 되겠느냐?(눅12:20).

예수님은 한 부자의 비유를 말씀하셨다. 부자가 밭에 소출이 풍성하여 작은 곳간을 헐고 더 큰 곳간을 지어 곡식과 물건을 쌓으리라 했지만 하나님은 "어리석은 자여 오늘밤에 네 영혼을 도로 찾으리니 그러면 네 준비한 것이 누구의 것이 되겠느냐" 하신 것이다. 자기를 위하여 재물을 쌓아 두고 하나님께 대하여 부요하지 못한 자는 이와 같을 것을 말씀하셨다. 재물은 하늘나라를 위해 쌓아야 할 것임을 깨닫게 하신다.

19. 하나님을 의지하자

　사람들은 이 땅에서의 일만 생각한다. 그러나 이 땅의 삶은 나그네의 삶이다. 잠깐 나그네로 왔다가 다시 본향으로 돌아가야 한다. 인생은 나그네길이라고 노래 부르며, 왜 이 땅에 정착하듯 살려 하는지 영적으로 보면 한심할 뿐이다. 종교인들조차도 사명이니 청지기이니 하면서도 자기 위해 사는 자들이 참 많다. 먹고 살기 남음이 있어도 하나님과 이웃을 섬기기에는 급급해 하지 않고, 이 땅에 썩어질 것들에만 한없이 연연해한다.

　필자는 이곳에 들어 온지 두어 달이 지나면 만 6년이 된다. 2012년도 부천에 흘러 들어와 두 번째 정착한 곳이다. 부천오기 전 언젠가 손에 가진 것 모두 바치고 다시는 세상일을 하지 않고 하나님 나라 위해 일하게 해 달라고 기도 했다. 그 후 하나님께서는 내 삶을 주장하시어 돈 벌이를 하지 않고도 살아오게 하셨다. 그렇다고 성도가 있어 사례비를 받은 것도 아니다.

　이곳에 들어 온지 얼마 후 새로운 교회가 이 건물을 매입해 들어 왔다. 총 4층 건물에 내가 있는 곳은 4층이며 건물주로 들어온 새 교회는 2층에 자리를 잡았다. 1층 네 곳의 상가와 3층 한곳, 저희 교회까지 세를 두고 있는 새 교회는 이 건물의 소유주이다. 건물이 교회 이름으로 등록되어 있으므로 건물의 참 주인은 하나님이라고 볼 수 있다. 이런 상황에 저로서는 생각할 수 없는 일이 벌어져 고민거리가 생겼다. 교회가 있는 작은 건물에 또 다른 교회가 건물 소유주로 들어 왔으니...., 문제는 하나님의 전적인 손길을 받아 사는 제게 닥친 월세 문제이다. 하나님께서는 새 교회가 건물주가 된 후 제게 월세 공급을 하지 않으신다. 몇몇 목사들은 걱정할일 없다는 듯 말하나 나로선 난감하기만 하다. 건물주는 월세를 독촉하는데 하나님은 시원하게 응답해 주시지 않으니 말이다. 그렇다고 이곳을 떠나도록 허락하신 것도 아닌...., 여러 번 떠나려 했으나 내게 돌아온 것은 하나님의 꾸지람뿐이었다. 자세한 이야기는 다 기록치 못하나 "사람이 내게 어찌하리요?" 그저 주님만 의지할 뿐이다. 얼마만큼 버틸 수 있느냐는 나의 과제일 것이다. 나를 붙드시는 하나님만을 의지하며 한날 한날을 지탱하는 나그네 인생...., 이제 네 번째 서적 집필을 막바지에 두고, 이 책이 완성된 후면 문제는 해결되겠지 기대해 본다.

피는 물보다 진하다 했던가? 예수 그리스도의 피로 한 형제 된 우리는 주안에서 화목하기를 원한다. 또한 이웃과도 화목하기를 원한다. 내 맘대로 안 되는 일이 많지만 우리는 모두가 하나님을 바라

볼 때 참 평강을 찾을 수 있을 것이다.

20. 하나님의 나라 대한민국!

이글은 성령의 음성을 받아 대필함을 먼저 밝힌다.

대한민국은 하나님의 역사적인 나라이다.

세계 곳곳에 선교사를 파송하고 있다.

일찍이 이승만 대통령을 세우고, 그를 통해 아브라함과 언약을 맺듯 대한민국 또한 언약을 맺은 나라이다. 그러므로 대한민국은 하나님의 나라이며 하나님의 백성들이 살아가는 나라이다. 이스라엘이 하나님의 선택된 나라였다면, 대한민국 또한 선택된 하나님의 나라이다. 이스라엘에 우상숭배자들이 많았듯이 이 나라 또한 그러하다. 그러나 한 사람 한 사람 기독교로 개종하여 오늘의 천만이 넘는 기독교인이 창출 되었다. 골목골목마다 십자가를 세웠고 지역 지역에 신학교를 통한 하나님의 종들이 배출되고 있다.

하나님의 나라라고 해서 다 잘 나가는 것만은 아니다. 하나님의 일을 막는 사탄들이 날뛰고 있기 때문이다. 그러나 끝내 하나님의 나라는 승리할 것이다. 백성들은 이 땅에 연연하여 영적인 상황을 잘 파악하지 못하고 힘들어 하는 경우가 많다. 영혼이 잘됨으로 인해 주위의 모든 것들이 풀리기도 한다. 하나님은 영적인 존재이므로 영적인 관계가 바로 서야 하나님의 복을 받을 수 있기 때문이다.

대체적으로 나라의 번영을 위해 기업을 세우시고 기업이 잘 되게 이끄시는 하나님이시다. 그러므로 백성들은 기업을 귀히 여기고 기업이 번영할 수 있도록 힘써야 할 것이다. 더불어 사는 사람들, 더불어 번영을 이루어가야 할 것이다. 국민 GNP가 높아지면 당연히 백성들은 살기 좋은 시대를 살아가는 것이다. 외화벌이에도 나라는 총력을 기울여 국민 GNP를 높여야 하건만, 이를 서시하는 징치꾼들이 되어서는 아니 될 것이다. 하나님은 대한민국 구석구석 살피시는 하나님이시다. 악이 성행하는 시대에 선한 경쟁자가 피해를 보는 경우도 있다. 또한 선을 짓누르고 악이 성공하는 경우도 있다. 의도적으로 불의한 사람들도 있다. 이는 하나님을 의식하지 못한 사람들이다. 하나님은 반드시 선과 악을 구별해 낼 것이다. 악이 잠시 이기는 것 같아 보여도, 하나님의 뜻은 선한 자들 편에 서서 일하는 것이다. 선을 위해 죽고자 하는 자는 높이 설 것이요, 거짓과 교만은 마침내 패망의 길로 접어들 것이다.

대한민국 사람들이여!
하나님의 나라 앞에 바로 설자 누구인가?

사탄의 종노릇이 아닌 의의 종노릇할 자 누구인가?

잠시 안정과 평안을 위해 살 것인가, 아님 영원한 삶을 위해 살 것인가? 삶이 이 땅에 삶뿐이라면 양심을 저버리고 제 맘대로 살 것이며, 내세를 생각한다면 선한 양심 따라 바르게 살아야 할 것이다. 윗물이 맑아야 아랫물이 맑다는 속담이 있듯이 나라를 다스리는 지도자들이 맑은 정치를 할 때 백성들 또한 바른 삶을 살아갈 것이다.

백성들이여!

선에 기뻐하고 악에 분노하라.

나 여호와는 기독교의 하나님으로써 교회 위에 함께 할 것이며, 이 나라 정치 위에도 관섭할 것이라. 때론 두고 보기도 하지만, 때론 일을 거칠게 이루기도 할 것이다. 보수니 진보니 이런 것들은 무슨 큰 의미가 있을까? 오직 바른 생각, 바른 삶, 바른 통치만이 살아남을 것이니라. 나라가 힘든 것이 어찌 대통령의 잘못만이겠는가? 국민의 혈세를 받은 모든 사람들은 힘을 합해 살기 좋은 나라를 만들어야 할 것이다. 또한 모든 국민들은 각자의 위치에서 바른 삶을 성실히 살아갈 때 복된 하나님의 나라를 이룰 것이다.

대한민국이 하나님의 나라이면 저 하늘 위에서도 복 받은 복된 나라로 인침 되었거늘, 어찌 악한 세상을 따라 가도록 내버려 둘 수 있겠는가? 온 국민이 한 정신으로 하나 되어 더욱 복된 나라 이루길 원하노라. 좌우로 분열된 나라는 성장하기 어렵지 않겠는가? 이념에 싸우고 편 가르고....., 이는 사탄의 계략임을 알아야 할 것이다. 건국 이래 저 북한은 호시탐탐 남한을 삼킬 기회만을 노려왔느니라. 그런데 어찌하여 호랑이 굴에 나라를 집어던지려 하는지 안타깝도다. 말로는 하나 되어 더불어 잘 살아보자 하건만, 이는 내 뜻이 아님을 밝히노라. 나 여호와는 예수와 함께 자유주의 흡수통일을 이루어 낼 것이니라. 분명히 할 것은 자유주의와 공산주의는 합할 수 없음을 말하노라. 만약 그리 된다면 자유주의는 공산주의에 괴멸될 수도 있느니라. 어찌하여 패망의 길을 가게 하겠느냐? 대통령이하 정치 지도자들은 저 북한으로부터 남한의 국민들을 지켜야 할 것이라. 미국도 자유주의, 한국도 자유주의 모두가 잘 사는 나라라. 미국과 한국은 기독교 국가로써 세계 정상 위에 설 것이라. 신을 이기지 못하겠거늘 대한민국 사람들은 이 글을 유념하길 바라노라. 나 여호와는 신실한 나의 여종을 통해 말하노라.

2024년 04월 22일. 성령의 음성을 받아.....

제3장

성경이야기 - 요나, 오바댜

1. 요나

요나서는 요나 선지자가 겪은 흥미진진한 사건을 요나 자신에 의해 기록한 예언서이자 소선지서에 속한 하나님의 말씀이다. 큰 물고기 뱃속에서 3일을 살고 살아난 이야기며, 하룻밤에 낳다가 하룻밤에 벌레에 의해 사라진 박 넝쿨 이야기며, 무엇보다 이스라엘의 적대국인 앗수르(앗시리아) 수도인 니느웨 성읍에서 일어난 여러 일들이 흥미롭다. 허나 이 예언서를 통해 시사 하는바가 크다.

하나님은 만유주이시며, 세계 모든 사람들과 짐승들까지도 아끼시는 하나님이심을 보여주고 있으며, 신학적으로는 선민 이스라엘뿐만 아니라 이방나라까지도 다스리시는 하나님께서 종말에는 복음이 땅 끝까지 뻗어나갈 것을 암시해 주고 있다.

1장 – 사명을 피해 도망간 요나

여호와 하나님께서 아밋대의 아들 요나에게 니느웨로 가서 말씀을 선포하라 하신다. 니느웨는 앗수르의 수도로서 당시 제국의 길을 걷고 있던 거대한 성읍이었다. 이스라엘 북동쪽 티그리스 강 동편 기슭에 위치하며, 성 둘레가 3일 길이나 될 정도로 큰 성읍이었다.

여호와 하나님께서 요나를 니느웨 선교사로 파송한 근본 원인은 그 성읍에 악독이 가득했기 때문이다. 그런데 요나는 니느웨로 가기 싫었다. 요나는 왜 니느웨로 가기 싫었을까? 당시 앗수르는 이스라엘의 적대국이었으며, 더군다나 요나는 선민사상에 빠져 이방인이 하나님의 사랑과 관심을 받는 것이 못마땅했다. 저 원수 앗수르는 제국으로서 많은 나라의 피를 삼킨 멸망 받아야 마땅할 대상이라 생각했기 때문일 것이다. 이기적인 요나는 니느웨로 가서 하나님의 뜻을 전하기를 죽기보다 싫어했다. 니느웨 백성들이 깨달음 받고 회개하여 구원받을 것을 알고 있었기 때문에 하나님의 심판 메시지를 전하기 싫었다. 그러나 하나님은 선민 이스라엘 뿐 아니라 전우주적인 하나님이심을 요나서를 통해서 비춰주고 있다.

요나는 하나님에 의해 니느웨 선교사로 파송 받았으나 하나님의 얼굴을 피해 니느웨 반대편인 다시스로 가기 위해 욥바 부두로 내려갔다. 마침 다시스로 가는 배를 만나 배 삯을 주고 배에 올랐다. 그런데 얼마쯤 가서 큰 일이 닥쳤다.

"여호와께서 큰 바람을 바다 위에 내리시매 바다 가운데에 큰 폭풍이 일어나 배가 거의 깨지게 된지라"(욘1:4)

큰 바람 큰 폭풍으로 인해 배가 거의 깨질 지경에 이르렀다. 사공들이 두려워 각각 자기의 신을 부르고 배를 가볍게 하려고 배의 물건들을 바다에 던지고, 위험찬 광경이 펼쳐진다. 그러나 요나는 태연하게 배 밑층에서 누워 깊은 잠에 빠져 있었다. 이토록 대범한 요나는 어쩜인가? 하나님은 선장을 통해 요나를 깨우시고 선장의 입을 통해 질책하신다.

"선장이 그(요나)에게 가서 이르되 자는 자여 어찌함이냐 일어나서 네 하나님께 구하라 혹시 하나님이 우리를 생각하사 망하지 아니하게 하시리라 하니라"(욘1:6)

막말로 요나는 하나님께 딱 걸렸다. 하나님의 얼굴을 피하였건만......

요나는 이스라엘을 떠나면 하나님을 피할 수 있을 줄 알았던 모양이다. 하나님을 이스라엘의 하나님으로만 국한 시키고 있는 것이 아닌가? 그러나 하나님은 무소부재 아니 계신 곳이 없으시며 만국의 하나님이시다. 일찍이 다윗은 고백하기를 "내가 하늘에 올라갈지라도 하나님께서 거기 계시며, 스올에 내 자리를 펼지라도 거기 계시며, 바다 끝에 가서 거주할지라도 주의 손이 나를 붙드시고 계심을 고백하고 있지 않은가?(시139:8-10). 하나님 앞에 어리석은 요나를 볼 수 있다.

큰 폭풍으로 인해 두려움에 떤 사람들이 제비를 뽑아 이 재앙이 누구로 말미암은 것인지 알아보기로 한다. 제비뽑기는 당시 사람을 뽑는 관습적인 방법이었기에 당연한 일이기도 하다. 구약에 사울왕도 제비뽑아 왕이 되었고(삼상10:21), 신약에 12제자 중 가룟 유다가 죽자 그 자리를 대신할 사람으로 '맛디아'가 뽑혀 11제자 수에 들어갔다(행1:26). 폭풍으로 인해 두려움에 떤 배에 탄 사람들이 제비를 뽑으니 제비가 요나에게 뽑혔다. 무리들은 요나를 향해 질책하고 무슨 이유인지 말하라 묻는다. 이때 요나의 담대함은 어쩜인지, 요나는 자신의 처지를 회피하지 않고 솔직하게 인정한다. 바로 자신이 여호와의 얼굴을 피함인 줄 말하고, 자신은 히브리 사람으로서 바다와 육지를 지으신 하늘의 하나님 여호와를 경외하는 자라고 대답한다. 이유야 어쨌든 실상은 하나님을 전파하게 된 셈이다. 이에 무리가 하나님을 두려워하여 어찌하지 못하는 중에 바다는 점점 흉용해 진다. 무리들은 우리가 어찌해야 할지 요나에게 묻는다. 어찌해야 바다가 잔잔할지를 묻는다. 이에 요나는 참으로 놀란 대책을 내놓는다. "큰 폭풍을 만난 것이 나 때문이니 나를 들어 바다에 던지라"고 말한다. 이 부분을 봐선 요나는 선지자임이 분명하다. "나를 들어 바다에 던지라" 스스로 바다에 뛰어 들 수는 없고, 이제야 요나는 하나님의 뜻에 맡긴듯하다. 이처럼 요나는 죽기를 각오하고서라도 니느웨로 가기는 정녕 싫은 모양이다. 아마 보통 사람 같으면 즉시 하나님 앞에 무릎 꿇고 니느웨로 당장 가겠으니 바람을 멈춰 주시라고 기도했을 것이다. 그러나 어찌하든 모든 것은 하나님의 뜻대로 이루어진다. 가끔 하나님의 생각과 사람의 생각이 다름도 있다. "나를 들어 바다에 던지라"는 요나의 말에 무리들은 요나를 살리고자 하였으나 속수무책이었다. 바다는 점점 더 흉용해져 갔다. 하는 수 없이 하나님께 부르짖어 기도하고 결국 요나를 들어 바다에 던진다. 요나를 바다에 던지자 뛰노는 바다가 바로 잔잔해졌다. 역시 바다의 폭풍을 주관하신 신은 하나님이심이 밝히 드러났다. 이에 사람들은 여호와 하나님을 크게 두려워하였으며, 여호와께 제물을 드리고 서원까지 하게 된다. 어떤 서원을 하였는지는 기록되지 않으나, 추측컨대 무사히 항해를 마치면 여호와 신앙을 갖겠다는 서원이 아닐까 생각해본다. 하나님은 이처럼 하나님 자신을 나타내시고, 하나님 자신을 경외하도록 유도하신 분이시다. 하나님께 불순종한 요나였지만, 요나를 통해 배에 탔던 많은 사람들이 여호와 하나님이 최고의 신, 즉 참 하나님임을 알게 된다. 요셉이 형들의 악행으로 애굽에 팔렸지만, 하나님은 이를 통해 애굽에 당신을 알리시고 이스라엘 백성들을 기근에서 구하셨다. 악도 선용하시는 하나님이시다. 자신의 목숨을 던져 배에 탄 많은 사람들을 살리고자 한 요나의 선한 마음은 하나님의 긍휼을 입게 된다. 바다에 던져졌어도 생명만은 붙어있다.

"여호와께서 이미 큰 물고기를 예비하사 요나를 삼키게 하셨으므

로 요나가 밤낮 삼일을 물고기 뱃속에 있으니라"(욘1:17)

하나님께서는 고래나 상어 같은 큰 물고기를 예비해 두시어 물고기가 요나를 삼키게 하셨다. 요나는 물고기 밥이 되지 않고 기적적으로 물고기 뱃속에서 삼일을 지낸다. 물고기 뱃속의 요나는 죽을 만큼 고통스러웠음을 알 수 있다. 사경을 해매는 암흑 속에서 의지할 것은 오직 하나님뿐이다. 요나는 삼일 밤낮 암흑 속 고통 중에서 기도하게 된다. 하나님의 역사하심이 좀 심하시다 생각되지만, 요나의 사명은 절대적인 사명이 아니었을까를 생각해 본다. 요나의 이 암흑 속 삼일을 두고 예수께서는 이 사건이 예수님 자신의 무덤 속 삼일을 예표 한다고 말씀하신다. 예수님은 표적을 구한 서기관과 바리새인들에게 "요나의 표적"밖에는 보일 표적이 없다고 말씀하셨다(마12:39). 요나가 밤낮 사흘 동안 큰 물고기 뱃속에 있었던 것 같이 인자(예수님)도 밤낮 사흘 동안 땅속에 있으리라고 말씀하셨다(마12:40). 요나의 표적은 예수님께서 십자가 죽임을 당하시고 무덤 속에서 삼일동안 장사되었던 사건에 대한 예표이다. 물고기 뱃속에서 삼일을 지낸 요나는 삼일 후 어찌 되었는지 다음 장에서 알게 된다.

2장 – 물고기 뱃속에서 기도한 요나

"나 때문이라!", "나를 바다에 들어 던지라!" 결국 바다에 던져진 용감한 요나는 물고기 뱃속에서 하나님께 부르짖어 기도한다. 이 절박한 상황에서 할 수 있는 일은 기도뿐일 것이다. 요나는 겨우 숨만 쉴 정도의 극심한 고난의 처지에서 하나님께 회개하게 된다. 흔히 사명 자들을 향해 말하는 "매 맞고 갈래 안 맞고 갈래"라는 말이 떠오른다.

"내가 다시 주의 성전을 바라보겠나이다"
"주께서 내 생명을 구덩이에서 건지셨나이다"
"내가 여호와를 생각하였더니 내 기도가 주께 이르렀사오며 주의 성전에 미쳤나이다"

이와 같이 요나는 극심한 고통 중에서 끝까지 믿음을 놓지 않고 하나님께 회개 기도하였음을 알 수 있다. "다시 주의 성전을 바라보겠나이다" 함은 앞에서 하나님의 얼굴을 피하여 하나님과 등진 것을 바로 잡겠다는 뜻이다. 바꾸어 말하면 니느웨로 가서 선지자의 직분을 감당하겠다는 요나의 강한 부르짖음이다. 하나님에 의해 바다에 던져졌으나 죽지 않고 살아 있음을 스올의 고통 중에서도 감사하며 찬양한다. 우리는 어떠한 처지에서도 생명 있음에 감사해야 할 이유이다. 감사로 제사를 드리는 자가 하나님을 영화롭게 할 것을 약속하셨다(시50:23).

요나는 "구원은 여호와께 속하였다"는 값진 고백을 하게 된다. 이는 큰 고난을 당하고서야 얻은 "믿음의 열매"이다. 요나 자신의 구원도 여호와께 속한 것이요, 제어할 수 없이 악행 하는 니느웨 이방 족속의 구원하심도 여호와 하나님께 속했음을 고백하는 내용이다. 요나 선지자를 통해 니느웨를 구원하심도 하나님의 뜻이요, 100여 년 후 나훔 선지자의 선포에 따라 앗수르 니느웨가 멸망당한 것 또한 하나님의 뜻이다. 구원과 심판은 하나님의 사역에 있어서 동전의 양면처럼 이중적임을 알아야 한다.

요나의 기도는 하나님께 순종하기를 시원히는 기도이며, 반드시 니느웨로 가서 하나님의 메시지를 선포하기를 결단하는 기도였다. 요나의 기도를 들으신 하나님께서는 물고기에게 명하사 요나를 육지에 토해내게 하셨다(욘2:10). 바다의 풍랑도 물고기도 하나님의 명령에 순종함을 볼 때, 하나님께서는 창조주이심을 알 수 있는 것이다. 예수님 또한 바다의 풍랑을 잔잔하게 하시고, 제자들이 밤새내 한 마리도 잡지 못한 물고기를 한 번의 그물에 153마리를 몰아주셨다(마8:26; 요21:11).

3장 – 요나의 사명 수행과 니느웨의 회개

물고기 뱃속에서 육지로 나온 요나에게 하나님께서는 요나를 다시 "니느웨로 가라" 하신다. 가서 하나님께서 주신 말씀을 선포하라 하신다. 이제 요나는 처음처럼 하나님의 뜻을 거부할 여력이 전혀 없다. 이렇듯 고난을 통해 신앙은 성숙되기 마련이다. 앞에서 말한바와 같이 니느웨는 사흘 동안 걸을 만큼 큰 성읍이었다. 그러나 요나는 신앙이 성숙한 것 같으나 아직 사명에 불성실함을 보인다. 사흘 동안 외쳐야 할 거리를 하루 동안에 끝내버린다.

"요나가 그 성읍에 들어가서 하루 동안 다니며 외쳐 이르되 사십 일이 지나면 니느웨가 무너지리라 하였더니"(욘3:4)

요나 선지자의 선포내용은 성의 없고 너무 간략하다. "사십 일이 지나면 니느웨가 무너지리라" 우리말로는 4마디에 불과하다. 이를 볼 때 요나 선지자는 니느웨가 진정 무너지기 원하고 있는 것 같다. 마지못해 하나님의 메시지를 선포하고 있음이 분명함은 뒤에 이어지는 하나님과의 대화에서 알 수 있다. 우린 이런 요나의 사역에서 깨달음 받고 교훈 받아야 한다. 어쨌든 간에 하나님의 뜻은 기필코 이루어진다. 하나님은 사십 일 간의 유예기간을 주어 니느웨 사람들이 회개하길 바라신 분이셨다. 실로 하나님은 노하기를 더디 하시고, 모든 사람이 구원에 이르기를 원하시는 분이시다(딤전2:4). 누구도 죄로 인해 멸망되기를 원치 않으신 분이시다. 천만 다행으로 니느웨 사람들이 악한 길에서 돌이키게 된다. 어찌어찌하여 요나 선지자의 선포 메시지가 니느웨 왕에게까지 들어갔다. 왕이 깨달음을 받았다.

"그 일이 니느웨 왕에게 들리매 왕이 보좌에서 일어나 왕복을 벗고 굵은 베옷을 입고 재 위에 앉으니라"(욘3:6)

굵은 베 옷을 입고 재 위에 앉았다는 것은 회개한다는 의미이다. 뿐만 아니라 나라에 조서를 내려 사람이나 짐승이나 아무것도 먹지 말고 심지어는 물도 마시지 말 것을 선포했다. 온 나라 백성들이 슬픔위에 앉아 금식하며, 악행을 돌이키는 회개운동이 일어났다. 하나님께 부르짖어 멸망시키지 않을 것을 기도했으며 저마다 악행과 강포에서 떠날 것을 제국의 왕으로서 선포하였다. 이 일은 당시 이방나라 대제국인 앗수르(앗시리아)가 거국적인 회개운동을 일으킨 이례적인 사건이다. 하나님께서는 앗수르 왕과 백성들의 마음을 이미 움직여 놓고 요나 선지자를 보낸듯하다. 당시 앗수르 땅에 일식으로 인한 두려움이 있었다는 전설로 보아 짐작이 간다. 요나 선지자 사역 당시로 봐서 본문에 언급된 제왕은 살만에셀 4세나 아술단 3세나 아술니라리 5세 중의 하나였을 것이라고 추측하고 있다. 요나 선지자의 활동이 북 왕국의 왕 여로보암 2세 때로 기록되고 있기 때문이다(왕하14:25). 앗수르 왕은 이와 같이 회개하면 하나님께서 멸망의 뜻을 돌이켜 주실 줄 아는 믿음의 말을 선포했다

(욘3:19). 심판과 구원의 주권은 하나님께 달려 있다. 하나님은 멸망 받을 수밖에 없는 인간을 사랑하셔서 독생자 예수 그리스도를 이 땅에 보내 주셨다 십자가에서 피 흘려 죽으심으로 인류의 죄 값을 모두 지불하셨다. 누구든지 하나님 앞에 나와 회개하는 자는 죄에서 구원하신다고 약속하신 분이시다. 아직 십자가의 사랑이 성취되지 않았을 때이나 요나는 회개하면 용서하시는 하나님이심을 알고 있었다. 그래서 요나는 다시스로 도망했던 것이다(4:2). 왜냐면 위엄천만한 적대국 앗수르가 멸망당해야 자신의 나라가 앗수르의 손에서 벗어나 안전하기 때문이다. 결국 북 왕국 이스라엘은 앗수르에 삼킨바 되었지만, 북이스라엘의 멸망은 그들의 죄악 때문이었음을 알아야 할 것이다.

그러므로 우리는 요나와 같은 짧은 생각을 버리고 하나님의 인애와 사랑으로 원수까지 사랑할 수 있는 넓은 마음을 가져야 한다. 원수일지라도 생명이 위험에 처했다면 그 일을 돌이키게 해야 할 것이다. 한 생명이 천하보다 귀하지 않는가?

"하나님이 그들이 행한 것 곧 그 악한 길에서 돌이켜 떠난 것을 보시고 하나님이 뜻을 돌이키사 그들에게 내리리라고 말씀하신 재앙을 내리지 아니하시니라"(욘3:10)

4장 - 니느웨 구원에 대한 요나의 불평과 박 넝쿨 교훈

하나님께서 니느웨 성에 대해 뜻을 돌이키사 재앙을 내리지 아니하시므로 요나가 매우 싫어하고 성을 낸다. 앞에서 요나는 신앙이 성숙한줄 알았건만 아직 미성숙 되어 보인다. 인간은 죽을 때까지 신앙의 성숙이 요구된다. 또한 요나는 변화의 굴곡이 심한 성정을 가진 사람인 듯하다. 하나님은 이토록 불평 많은 자도 다 이해하시고 쓰시고자 하시면 당신의 종으로 쓰시는 분이시다. 앞에서 "나 때문이라!", "나를 들어 바다에 던지라!" 하던 것으로 보아, 또 위기를 회피하지 않고 하나님을 전파한 것으로 보아 요나의 중심만은 하나님께 있어 보인다.

요나는 말하기를, 하나님은 은혜로우시며 자비로우시며 노하기를 더디 하시며 인애가 크신 분이시라 재앙을 내리지 아니하실 분이라는 것을 이미 알았다며, 자신이 다시스로 도망간 이유를 말한다. 요나는 배타적이고 이기적인 선민의식에 사로잡혀 하나님의 참뜻을 외면했던 것이지, 악한 선지자는 아니다. 언젠가는 앗수르가 이스라엘을 삼킬 것이라는 염려도 한몫 했을 것이다.

니느웨 사람들의 금식과 회개로 인해 하나님께서는 내리리라는 재앙을 내리지 않으셨다. 요나는 자신이 선포한 내용대로 이뤄지지 않자 상한 자존심 끝에 이제는 자신의 생명을 거두어 주시길 요청한다. 차라리 사는 것보다 죽는 것이 낫다고 입을 함부로 놀리며 성을 낸다. 모세와 엘리야도 "내 생명을 취하소서"하였지만 이와 달리 요나 선지자는 하나님의 뜻이 잘 이루어진데 반한 분노를 표출하고 있는 것이다. 참 예언은 무엇인가? 참 예언은 선포 내용과 달라도 하나님의 뜻이 이루어지는데 있다고 봐야 한다. 요나는 니느웨 멸망에 앞서 회개를 촉구했어야 했다. 소돔 성 멸망을 앞둔 아브라함의 기도를 떠올려 본다. 의인 50명 - 45명 - 30명 - 20명 - 10명까지 수치가 내려가지 않는가? 결국 의인 10명이 없어 소돔성은 멸망당했지만, 당시 니느웨는 의인이 얼마였는지 모르지만, 하나님의 뜻은 전 국민이 악행을 돌이키는 것에 있었다. 하지만 이 니느웨도 100여년 후 나훔 선지자의 선포에 따라 신흥국가 바벨론에 점령당해 사라진다. 구원이냐 멸망이냐는 순전히 하나님께서 판단하신다. 분명한 것은 마지막 날에 결정된다. 좁은 의미의 마지막 날은 개개인의 종말 즉 개인의 육적 죽음이 마지막 날이 될 것이다. 니느웨 사람들은 육적 구원은 받았지만 영적 구원은 또 다르다. 영적구원 즉 참구원은 이방인일지라도 기생 '라합'과 같이 상천하지(上天下地)의 여호와 하나님을 끝까지 믿는 자에게 있다. 신약시대 성자 예수를 보내주신 이후에는 하나님의 아들 예수님을 믿는 자에게 참구원이 임한다.

하여튼 요나의 성냄에 하나님께서는 질책 아닌 "네가 성내는 것이 옳으냐"고 물으신다. 요나는 일단 아직 40일이 되지 않았으므로 성읍 바깥 동쪽에 초막을 짓고 성내에 무슨 일이 일어나는지를 살핀다. 혹시라도 자신이 원하는 대로 니느웨가 멸망될 수도 있을까를 생각하는 듯하다. 하나님께서는 이런 요나에게 흥미로운 일을 만드신다. 박 넝쿨을 만들어 요나의 머리에 그늘이 지게 하시는 것이다. 요나는 이 박 넝쿨로 인해 크게 기뻐한다. 그러나 그 기쁨은 잠시, 이튿날 하나님께서 벌레를 예비하사 박 넝쿨을 갉아먹게 하셨다. 박 넝쿨이 시들음과 동시에 하나님은 또 뜨거운 동풍을 예비하사 요나의 머리에 쪼이신다.

"해가 뜰 때에 하나님이 뜨거운 동풍을 예비 하셨고 해는 요나의 머리에 쪼이매 요나가 혼미하여 스스로 죽기를 구하여 이르되 사는 것보다 죽는 것이 내게 나으니이다 하니라"(욘4:8)

위의 말씀처럼 요나는 또 죽기를 청한다. 이런 요나에게 하나님은 요나를 벌하시기 보다는 차분히 교훈하신다. "네가 이 박 넝쿨로 말미암아 성내는 것이 어찌 옳으냐?" 말씀하시자 "내가 성내어 죽기까지 할지라도 옳으니이다"라고 요나는 하나님께 대항 하듯이 대답한다. 자비로우신 하나님은 요나의 부당함과 니느웨 사람들과 가축들도 사랑하시는 하나님이심을 밝히신다.

하나님은 박 넝쿨, 벌레, 뜨거운 동풍을 교육 자료로 삼으셨다. 하룻밤에 났다가 하룻밤에 말라버린 박 넝쿨은 창조주 하나님만이 일으킬 수 있는 실물적 역사이다. 마른 막대기에서 하루 만에 움이 돋고 순이 나고 꽃이 피어서 살구 열매가 열린 것 또한 마찬가지이다(민17:8, 아론의 지팡이). 하나님은 종종 식물, 동물, 자연을 자료로 삼아 교육하셨다. 사람의 생명보다 또는 가축의 생명보다 훨씬 못한 박 넝쿨을 요나가 아꼈거든, 어찌 하나님께서 니느웨 많은 사람과 많은 가축을 아끼지 않겠느냐 말씀하신다. 니느웨는 좌우를 분변하지 못하는 자 즉 선악을 구별하지 못하는 자가 12만 명이었다. 선악을 구별하지 못하는 자를 3~4세 이하의 어린이로 본다면 전체 인구는 약 60만 명에 이른다. 박 넝쿨의 가치와 60만 명의 생명, 비할 수 없는 대조법으로 교육하신 하나님이시다. 이에 요나는 할 말을 잊었을 것으로 생각된다.

하나님은 이스라엘의 하나님만이 아니라 세계만방의 하나님이시다. 요나서를 통해 복음이 이방인에게도 전파될 것을 암시해 주셨다. 요나는 하나님의 박 넝쿨 교훈에 깨닫고도 남음이 있었을 것이다. 우리 또한 요나와 같은 자가 아니었던가 생각하며 요나서를 통해 독자들을 향한 하나님의 깊은 은혜가 있기를 기도하는 바이다.

2. 오바댜

"오바댜"는 선지자 오바댜를 통해 이스라엘의 형제국인 '에돔' 심판을 주요 내용으로 기록하고 있다. '에돔'은 이삭과 리브가 사이에서 쌍둥이로 태어난 '야곱(이스라엘)'의 형이었다(창25;20-26). 리브가가 '에서'와 '야곱'을 낳았는데 에서의 별명이 '에돔'이다. "붉다"는 뜻에서 나온 이름이다. 당시 나라의 이름을 대부분 수장의 이름을 따서 붙였기 때문에 '에돔'은 '에서'의 족속이다.

야곱이 밧단아람(하란)에서 20년 만에 네 아내와 열두 자녀와 모든 소유를 이끌고 가나안 땅에 돌아 온지 얼마 지나, 야곱과 에서의 소유가 너무 많아 함께 거주할 수 없었다. 이에 에서 곧 에돔이 세일 산으로 옮겨 그곳에 자리를 잡았었다(창36:8). 야곱은 아브라함과 이삭의 장자권을 이어받아 하나님의 언약을 이어 가나안 땅에 계속 머물렀던 것이다. 그러므로 야곱과 에돔은 아주 가까운 형제국이다. 그러나 리브가의 태에서부터 이 형제는 서로 싸우는 사이였고, 이스라엘과 에돔은 늘 적대관계에 있었다.

일찍이 하나님께서는 이스라엘에게 모세를 통하여 말씀하시기를 에돔과 싸우지 말라 하셨다. 출애굽하여 가나안 땅에 들어갈 때

에돔 땅을 지나가기를 요청했으나 에돔이 허락하지 않으므로 거칠고 먼 길을 돌아가야 했으며(민20장), 모세의 모압 평지 고별 설교에서도 재차 에돔과 다투지 말 것을 말씀 하셨다. 세일 산을 하나님께서 에서의 기업으로 주셨으므로 그들의 땅은 한 발자국도 범하지 말라 하셨다(신2:5). 뿐만 아니라 에돔은 하나님의 총회에 들어 올수 있는 길도 열어주셨다. 에돔 족속은 3대 후 자손부터는 여호와의 총회에 들어올 수 있도록 허락하셨다(신23:8). 이토록 에돔은 하나님으로부터 야곱, 즉 이스라엘의 형제국이란 명목아래 다른 이방 국가들에 비해 많은 혜택을 받은 족속이었다. 그럼에도 불구하고 이스라엘 즉 하나님의 선택된 백성을 대적했기에 여러 가지 죄목을 들어서 에돔 족속은 멸절될 것을 오바댜를 통해 예언한다.

먼저 에돔은 마음이 교만하였음을 지적하고 있다.

"바위틈에 거주하며 높은 곳에 사는 자여!"라며 세일 산의 지형적 특성을 들며, 사해 남방에 우뚝 솟아오른 에돔을 없애버릴 것을 말씀하신다. 세일 산은 워낙 가파르고 험난하며 동굴과 같은 피난처도 많았다. 특히 수도 "페트라(Petra)"는 입구가 좁은 절벽 사이 길이어서 적은 인원으로도 많은 대적을 방어하기가 용이했다고 한다. 그러기에 에돔은 하나님이 주신 천연 요새를 마치 자신들의 무기와 힘 인양 내세우며 교만과 악행을 저질렀다.

"누가 능히 나를 땅에 끌어 내리겠느냐?" 하지만 하나님께서는 이런 에돔에게 다음과 같이 말씀하신다.

"네가 독수리처럼 높이 오르며 별 사이에 깃들일지라도 내가 거기에서 너를 끌어 내리리라 여호와의 말씀이니라"(4절)
"네가 어찌 그리 망하였는고"(5절)
"에서가 어찌 그리 수탈 되었으며 그 감춘 보물이 어찌 그리 빼앗겼는고"(6절)

하나님께서는 나라들을 늘어 에돔을 향해 싸움을 붙이시고, 결과적으로 에돔을 폭 망하게 하실 것을 예언하신다. 동사들을 완료형으로 써서 반드시 망하게 될 것이 확정되었음을 알리고 있다(예언적 완료형). 에돔과 동맹한 모든 자들이 돌아서고, 속이고, 함정을 파고 할 것임을 예언하고 있다. 사실 동맹국들의 배신은 200여 년 후 나바티안족의 침략으로 에돔은 세일 산에서 쫓겨나 유다 남방 헤브론 근처로 밀려 났다고 한다. 하나님께서는 에돔의 지혜로운 자들을 치시고 무지하게 하셨던 것이다(8절).

"드만아 네 용사들이 놀랄 것이라 이로 말미암아 에서의 산에 있는 사람은 다 죽임을 당하여 멸절 되리라"(9절)

'드만'은 데만(창36:11)이라고도 불리는 에돔의 크고 강한 성읍 이름이다. 하나님께서 드만아! 부르심은 에돔을 대표해서 부르신 것이다. 에돔은 하나님의 예언처럼 멸절되어 본토 세일 산에서 쫓겨나 헤브론 근처에 거주하게 되었는데 그곳은 후에 "이두매"(Idu-mea)라고 불려졌다. 신약시대에 '헤롯' 왕이 이 이두매 사람이었다.

본론으로 들어가자면, 에돔이 멸망되어 자취를 감추게 된 이유, 즉 에돔이 형제 야곱에게 저지른 여러 가지 죄악은?

첫째, 형제 야곱에게 행한 포학이다.
둘째, 유다가 바벨론에 패망할 때 에돔은 바벨론과 한패 되어 형제 야곱의 대적이 된 셈이다.
셋째, 유다 패망 시에 수수방관할 뿐 아니라 오히려 "하하하" 입을 크게 벌려 웃으며 무척 기뻐했다.

"여호와여 예루살렘이 멸망하던 날을 기억하시고 에돔 자손을 치소서 그들의 말이 헐어 버리라 헐어 버리라 그 기초까지 헐어 버리라 하였나이다"(시137:7)

이와 같이 에돔은 자신의 형제국인 유다가 멸망당할 때 슬퍼하기

는커녕 방관하며 또 방관하며 오히려 저주를 퍼부었다. 사실 하나님은 선민 이스라엘은 징벌하나 아주 멸망시키지는 않으실 분이시다. 남은 자들을 통해 반드시 회복시키는 것이 당신의 뜻이다. 그런데 에돔은 이스라엘이 뿌리까지 뽑혀 없어지길 바랐다.

넷째, 에돔은 멸망당한 유다의 고난을 방관하며, 예루살렘 성문에 들어가지 말았어야 했으나, 오히려 환난당한 하나님의 백성들의 재물을 취했다(고난방관, 재물취함), 에돔은 재물을 취할 것이 아니라 형제의 고통에 위로를 했어야 했다.

다섯째, 네거리에 서서 도망하는 자들을 막아 원수에게 죽이도록 넘겨주었다. 이는 형제의 생명을 바벨론 대적에게 팔아넘긴 셈이다. 물론 바벨론도 유다 포로 70년 후 메대, 바사(페르시아)에 의해 하나님의 보응을 받았다.

위와 같이 패망당한 야곱에 대한 에돔의 죄악은 점점 더 강하게 나열 되어 지적되었다. 형제 국이 아닐지라도 하나님의 백성을 손 댄 나라들은 하나님께서 기억하시고 보응하시건만, 에돔은 형제국이란 이유만으로도 그 죄의 대가가 가중처벌 되어야 마땅함을 보여준다.

내 형제가 피를 흘리며 죽임당하고 고통을 호소하는데, 이에 방관하며 기뻐할 자 누구 이겠는가마는 에돔이 그렇다. 에돔 족속은 모세 때도(아말렉-출17장), 다윗 때도, 에스더 시대에도(아말렉-하만), 예수님 탄생시 예수님을 죽이기 위해 베들레헴에 유아학살의 만행을 저질렀던 헤롯왕 시대에도(이두매) 끊임없이 이스라엘을 뭉개버리려 했다. 에서의 후손 아말렉은 "천하에서 기억도 못하게 하리라" 하신 말씀처럼, 아말렉은 영적으로 사탄과 같은 존재나 다름없었다. 다윗시대에 다윗 왕이 에돔을 치고 종으로 삼았는데, 그후 에돔은 유다에 더욱 악감을 가진듯하다. 그러나 에서가 야곱의 종이 된 것은 하나님의 예언 성취라고 볼 수 있다(창27:29). 여하튼 에돔은 야곱에게 원수처럼 포학하였음을 지적하며, 이에 징벌하시겠다는 하나님의 예언의 말씀을 기록한 책이 오바댜이다.

여호와 하나님께서는 만국을 벌하실 날에 에돔이 내 백성에게 행한 대로 돌려 줄 것을 말씀하시고, 에돔을 마시고 삼켜서 본래 없던 것 같이 하리라고 말씀 하신다(16절). 야곱 족속을 불에 비유하고, 요셉 족속을 불꽃에 비유하여 지푸라기인 에서 족속을 불사를 것을 밝히신다. 또한 에서 족속은 남은 자가 없이 완전 진멸될 것을 말씀하신 반면 이스라엘은 남은 자를 통해 회복되어 심판자로 설 것이며, 하나님의 나라를 이룰 것을 말씀하신다. 궁극적으로 "여호와의 날", "주의 날", 마지막 그날에는 모든 이방나라들이 심판될 것이며 이스라엘은 구원의 완성을 이룰 것이다.

"오직 시온 산에서 피할 자가 있으리니 그 산이 거룩할 것이요 야

곱 족속은 자기 기업을 누릴 것이며"(17절)

"구원 받은 자들이 시온 산에 올라와서 에서의 산을 심판하리니 나라가 여호와께 속하리라"(21절)

우리가 오바댜를 통해 교훈 받아야 할 것은 형제를 아프게 하거나 등한 시 해서는 아니 된다는 것이다. 또한 하나님의 백성에게 악행을 저질러서는 아니 된다는 것이다. 예수님은 자신을 찾으러 온 어머니와 동생들에게 "누가 내 어머니이며 내 동생들이냐"고 말씀하셨다. 내 형제 자매 어머니는 하나님 아버지의 뜻대로 하는 자가 내 형제요 자매요 어머니라고 말씀 하셨다(마12:46-50). 이는 구약시대와 달리 계시의 점진성에 의해 믿음의 가족이 더욱 중요함을 말해 주고 있다. 우리는 모든 사람들보다 특히 믿음의 가족들에게 더욱 관심을 가져야할 때가 아닌가 생각해본다.

제4장

시는 날개를 타고.....
신보은 시

추석 연휴에

시월의 아침
어둑어둑한 미명
추석 육일 중 셋째 날
아직도 삼일이 남았다.

긴 휴일을 지나며
참 추석의 의미를 생각 컨만
주님 맘 내 맘 같지 않은
들뜬 마음 되잡아 본다.

크신 그분 앞에 나아갈수록
부정할 수 없이 짓눌려진
내 불멸의 존재를 느끼며
북받친 설움에 눈물이 난다.

사명을 우선하는
부인치 못할 현실 속에
고향의 그리움도 임의 흔적도

구석진 마음 한켠에 접어 두었다.

티격티격 언저리 끝에
저 세상에서 갚아 주마
꿈이 없으면 어찌 살리오
소망이 없으면 어찌 살리오

바람아! 높은 하늘아!
내 맘 어디인지 아느냐?
불순한 내 맘 내리고
청렴한 마음 뜻 이루리라!

벤치에 앉아

턱 고이고 여유로운 폼으로
자주 찾는 공원 나무벤치에 앉아
사르르 흐뭇한 미소를 짓는다.

낯익은 호수를 등지고
장미원을 향한 은혜론 미소에
어느 분은 화보감이라 하네.

언제나 이리도 행복하게 살고파
할 일 많은 세상에 보냄 받은 자는
오늘만큼은 내 세상인 듯하구나!

양옆 가로수 한가로운 운치 길에
걷다가 힘들면 또 벤치에 앉건만
오늘은 우아한 폼으로 멋 부리고파!

자연 치유

다시 찾은 어제 그 자리
가을비는 신사적으로 내린 때
자연 속 정자 위 자리를 펼치고
오늘의 한 페이지를 장식한다.

그 누가 자연 치유를 말하였던가?
나무향기, 풀내음, 새들의 움직임
땅바닥에 나뒹구는 낙엽까지도
아픈 마음을 공감해 준다.

비개인 고즈막한 차분한 오후에
나무 틈새로 비친 환한 햇살마저
나풀나풀 쌍으로 춤추는 흰나비들마저
홀로 무언가 찾아 나선 혈인(孑人)들마저....,

가끔 노래하는 새들의 음성 중에는
째재재재 째재재재 힘찬 생기를 품어주고
흔들흔들 흔들의자에 사랑을 기댄
연인들의 모습에 장래를 꿈꾸게 하는데.....

개울가 빨래터

그들의 이름은 연인이라
그들의 이름은 사랑이라
그들의 이름은 인생이라

어쩌면 그리 예쁠까?
어쩌면 그리 환상적 커플이뇨?
어쩌면 그리 잘도 그려낼까?

이젠 떠날 날이 코앞이건만
개구쟁이 같은 청춘의 마음
한마디 말에 연민의 윤기가 흐르고

이젠 이별할 날이 코앞이건만
수줍고 천진스런 여린 마음
할미꽃 모습에 열여덟 새색시라.

열일곱 열 넷에 만나
일흔세 해 한솥밥 세월에

인생은 큰 가치라 이름 하는데

한 몸 된 하네와 할매는
개울가 빨래터 물장구치며
마당 낙엽에 짓궂은 장난기라.

천국 날개를 향한 마음

세월은 흘러
내 삶에 자리매김을 하였다.

울어 보기도 하고
웃어 보기도 하고
소리쳐 보기도 하고
힘에 겨워 하늘을 향해
투정 부리기도 하였다.

오! 신이시여!
어디쯤 왔나이까?
끝없는 광야처럼 목마른 삶에
오아시스를 찾아 갈증 했다.

그러나 이젠
마음에 무게를 비우고
날으는 새처럼 가볍게
하늘을 향해 날고 싶다.

오! 신이시여!
내 몸을 가볍게 하시고
내 양팔과 양발에
천국 날개를 펼치소서.

보냄 받은 자의 삶

초원에 누워
하늘을 우러르고
푸른 꿈을 꾸고 싶었다.

버거운 나머지
그 꿈의 날개를 접고파
내 삶을 무시해 버리고도 싶었다.

그러나 그마저도
내 문제가 아니었고
할 수 있는 일이 아니었다.

사람이 이 땅에 태어나
얼마나 남겠느냐마는
그는 보냄을 받은 자였다.

보냄 받은 뚜렷한 목적이
보낸 자에게 있으니

보낸 자의 뜻은 무엇인가?

저마다 소명과 사명 앞에
성실히 살아내야 함은
보낸 자의 뜻 일진데

성실과 정의로 띠 띠우고
은혜 구원의 투구를 쓰고
진리를 양식 삼아 전진하라.

성령의 바람

무소부재와 다르지만
그러나 무소부재의 바람

어디서 왔다가
어디로 가는지 모르는 바람처럼

어느 때에 불어와
어느 때에 머무르는 바람이여라

바람을 일으키는 요소
예수 사랑, 예수 믿음

사람 사람의 깊은 곳
심령 심령과 결합하여

답답했던 마음이 트이고
막혔던 기가 뚫리니

새 생명, 새 사람
새로운 피조물이라.

예수 증거 하지 않으면
견디지 못할 심령으로

성령의 바람이시여!!
각인 각인에 임하소서!

이 땅 이 민족 위에
온 세계 위에 충만 하소서!

한더위 커피숍에서

창밖길가 거목 잎들 나풀나풀
즐비한 삼층 간 테이블과 의자
여유스런 공간에 빵빵한 냉방
맛깔스런 차와 케이크
언제와도 나를 반긴듯하니
삼복더위 피해 왔노라.

시편의 노래를 펼쳐 읽노라니
이곳이 나의 요새
이곳이 나의 피난처
더위가 나를 사르지 못하고
그 누구도 내 허락된 금(金)시간을
간섭하지도 빼앗지도 못하리라.

주일을 향해 나아가는 끝 날에
산들바람 바닷바람 찾아
이글거리는 열기에 설 이유 없음은
내 영혼이 주를 사모하며

내 영혼이 주와 함께 하심이라.

가난한 자의 부르짖음에 민감하시고
억압 받는 자의 요새시며
환난 당한 자의 요새시며
다윗의 신음 소리에 민감하신
여호와 하나님의 은혜주심은
오늘 나와 한 빛 된 예수시라.

부추 꽃의 손짓

꽃은 아름답다~♡♡
바람에 흔들리는 부추 꽃이
이른 아침 날 반긴다.

무등산 중봉의 억새가
요 며칠 내 마음을 흔들었건만
꼭 그 억새처럼 손짓한다.

요맘때면 그리워진 고향의 향수
이것까지도 허락지 않으심에
날 옥상으로 이끄신 그분의 마음이 아려온다.

그냥 마냥
에덴의 마음처럼 즐거우면 좋으련만
부딪치는 한계의 안타까움 그지없어라.

꽃과 나비

날개 짓는 멋진 나비
고운 옷 입은 예쁜 꽃
천생연분처럼 잘 어울려

사뿐히 내려앉은 나비가
날개를 뽐내어 펼치니
그대로 수용한 꽃잎이라

양극과 음극의 당김처럼
포옹의 힘은 강하여
간들간들 바람에도 꼬옥 품는 듯.....

자리다툼

여름은 물러나기 싫었다.
가을이 한바탕 쏟아 부었다.
가을인가 싶더니 다시 여름이고
왔다리갔다리 어리숙하다.

바닷가에 즐비한 가로수들은
바닷바람에 낙엽을 떨어뜨리지만
하늘의 태양은 여전히 뜨거우니
부자연스럽기만 한 가을이 낯설다.

입추도 처서도 지났는데
느그네들은 마치 어린 아이처럼
오르락내리락 자리다툼만 하니
서글픈 인생들에게 시위라도 하는 게냐?

야야 그러지 말고
서로 제자리 찾아 화평 하려무나.
여름은 어서 꼬리를 감추고

가을은 어서 머리를 들라!

한더위에 넋을 잃은 인생들은
선선한 가을에 다시 기운을 얻어
만유 주 하나님께 경배하며
더위 없는 세상을 기도하리라!

특이한 녀석

어느 가을날 기분 좋은 오후
녀석들에 끼어 날 찾아 온 한 녀석
여느 녀석들과 달리 참 특이 하구나!

의상이 달리 특색 하여
놀란 가슴 카메라에 얼른 담고
먹는 모습 한참을 들여다보았네.

널 지칭하는 컬러가
달라도 너무 달라
기다리고 또 기다렸건만

며칠이 지나
내 발치 아래에 슬그머니
또 놀란 가슴 먹이를 던져 주자
덩달아 놀라 도망가 버렸네.

언제 또 볼 수 있으려나?

이는 창조주 그분의 몫이니
또 올 거다 하신 것 같은데
또 다른 갈색 둘기로 보내셨네.

* '둘기'는 저자가 붙인 비둘기의 준말임.

흐르는 시간에

국화 향기 그윽히 풍긴
주일 오후 행복한 시간
마음에 사랑을 품고
주님과 나, 단 둘!

어찌 표현할 수 없는
마음에 기쁨 가득
어찌 내보일 수 없는
사랑의 하모니!

자비와 사랑과 긍휼과
구원의 은혜를 누리니
주님이 아니었으면
나 어이했을꼬?

혼자서도 기뻐하고
혼자서도 웃어 대고
혼자서도 대화함은

내 안에 주님 계심이라.

아무리 생각해 봐도
주님 없이는 못 살아
주님 가슴에 단단히 박힌
사랑의 흔적이라오.

그러면 됐지 뭐!

꽃도 예쁘고
날씨도 좋고
화초도 잘 자라고
은혜도 넘친다.

그러면 됐지 뭐!
빈손으로 왔다가
빈손으로 갈 것을
뭐 그리 욕심 부리노?

주님이 날 알아주시고
주님이 날 위로해 주시고
주님이 날 인정해 주시니
그러면 됐지 뭐!

쌀 푸데 쌀이 넘치고
냉장고 과일 야채 있고
내 자유로운 공간 넉넉하니

그러면 됐지 뭐!

일용할 양식은 넘치고
한 달 양식은 모자란 듯해도
내 안에 주님 계시니
그러면 평안하지 뭐!

그대 사랑

가을사랑 그대사랑
형형색색 화려한 옷
호강한 눈동자 따라
그 마음까지도 부풀고

그대 있어 무더위 잊고
그대 있어 행복 하노라
슬픈 사연 담아 전함에도
가을사랑 그대사랑!

지붕 위 하얀 찬 서리
그대사랑 시위하나
아침 햇살에 녹아지려니
가을사랑 그대사랑!

형형색색 아름다운 꽃
큰 꽃 작은 꽃 봉우리 꽃
찬 서리에도 자신감 잃지 않는
가을사랑 국화사랑!

심술쟁이

입춘도 우수도 지났건만
새벽 창문을 여니
지붕 위 수북이 쌓인 눈

어머나! 어머나!
함성이 절로 나오고
변덕스런 이른 봄은
꼭 심술쟁이 같구나!

한동안 따스한 빛
장마철 같은 느슨한 비
한겨울 같은 쌓인 밤 눈

벌거벗은 만물들에게
푸른 생명 빛을 부여키에
그만한 가치가 있나보다.

꽃을 기다리는 마음

갑진년 삼일절 이튿날
핑크빛 페라고늄도 피었고
노오란 수선화도 피었다.

깅기아난의 기다란 꽃대도 나왔고
방실방실 꽃망울 맺힌 블루베리
군자란은 밑바닥에 꽃대를 내려한다.

그러나 아직 바람찬 옥상
추위다운 꽃샘추위 피해
화초들은 실내에 머무르고파!

모나리자야 어서 피어라!
하와이 무궁화야 피어라!
이름 모를 꽃들아 피어라!

자연은총 속의 하나님

매 발톱 장미는
아름다움을 한층 품어내고
나의 영혼은
하나님을 높여 찬양하도다.

자연은총 속속 들이에
느껴드는 위대한 그 존새는
하나님 그분만의 영화이며
아울러 우리의 영화이도다.

꽃들의 축제를 찾아 나서며
꽃들의 어여쁨에 끌려들며
뚜렷한 주님의 깊은 솜씨들
보고 느끼고 마시고 즐거워하도다.

친구여 오늘 나와 함께
그분이 베푸신 드넓은 은총에
그분의 높고 위대하심을
영원히 노래하며 마음가득 품어보세!!

옥탑의 십자가에서

아직도 바람찬 옥상 위
옥탑의 십자가를 바라보며
난간에 걸터앉은 흰 비둘기
흐린 하늘에 날으는 비행기

고난주간에 예수님의 십자가라
노아방주에 소식통 비둘기라
쓰디쓴 블랙커피 한 잔에
예수님의 쓴 잔이 느껴진 듯하다.

아버지여 할 수만 있거든
이 잔을 내게서 옮겨 주소서!
그러나 내 원대로 마옵시고
아버지의 원대로 하옵소서!

성자 예수님의 피 땀!
흐르는 절규의 눈물!
해조차 빛을 잃고

만물이 진동한 그 날!

십자가 칠언의 유언!
다 이루었다!
아버지여 내 영혼을 받으소서!
흰 비둘기는 부활의 기쁜 소식이여라!

비오는 오늘

주룩주룩 봄비 오는 날
실내의 화초들을 옥상에 올려
하늘의 좋은 기운을 쏘인다.

대롱대롱 블루베리 꽃은
하이얀 감 똘맹이처럼 땅바닥에
고롬! 떨어져야 열매 맺지

밤새 붉은 철쭉은 피었나?
꽃망울에 은빛 빗방울 가득 머금고
활짝 피면 꽃동산 같으리.

행여나 다칠 새라 매 발톱 장미는
안으로 얼른 들여 장식하고
보고 또 보니 겨우내 이긴 보람

두주 전 심은 갖가지 모종들은
삼종 토마토, 고추, 파프리카, 야채들

다채로운 야채들 두어 번 수확했다오.

봄비로 인한 반가운 소식에
산천초목 가로수 청청 푸르고
우리네 옥상도 청청 푸르다오.

꽃 바보

꽃잎 한 장에 감동하고
이리보고 저리보고
보고 또 보고 또 보니
나는 꽃 바보 인가봐

칼라별 제라늄아!
피었다 지고나면
또 다른 꽃대 올라와
그리 뽐내주니 고맙구나.

피고 또 피는 자스민아!
보랏빛 고급 빛깔로 피어
어느새 흰빛을 내니
너와 같은 아이 없구나!

매 발톱 장미야!
만족스런 장미 모양으로
너와 나 눈 마주치면 빛이나

가냘픈 매 발톱도 어여쁘구나!

꽃 바보가 뭐 그리 좋아
자꾸만 꽃 화분 안겨주니
친구야 고맙다!
담엔 장미원 나들이 가자!

새벽의 힘

사망아 너의 쏘는 것 어디?
사망아 너의 승리는 어디?
사망아 너는 족히 잠잠 하라.

큰 장수 예수 그리스도!
무덤을 깨고 벌떡 일어나
음부의 권세 깨부셨도다.

참 빛이 어찌 어둠에
참 빛이 어찌 무덤에
참 빛이 어찌 잠잠하랴!!

세 개의 못 여우들아!
너희 권세가 어디냐?
너희 힘이 무엇이냐?

고작 발뒤꿈치 상처
삼일 후 초자연적 완치

다시는 덤빌 엄두 못 내리

큰 장수 내 님의 승리는
자기 사람들에게 전가되어
그들도 사망권세 이기도다.

하나님의 은혜

봄이 온가 싶더니
계절은 역행한 듯
내 마음도 역행한 듯 아닌가?

내 마음 잡아줄 자
내 안에 계시건만
나는 나이고 싶어!

나의 나됨은 하나님의 은혜
나는 날마다 죽노라
나의 권을 다 쓰지 않노라

바울과 같은 신앙 고백은
내게서 먼 듯하니
나는 어쩌면 좋으랴?

안개 덮인 하늘

안개로 뒤덮인 하늘
이러다 주님 오시나
심 쿵한 마음에
주님을 불러본다.

강단에 올린 수선화는
하루가 다르게 피건만
비만 내리는 일기는
내 영혼을 울리고

주님 맞을 준비는
점점 쇠퇴 하는듯한 사회
혼란스런 사회 탓에
근신하며 서 있네.

팔월의 아침에

기도와 찬양으로
영적 뿔을 힘껏 세운다.

달아올랐던 태양 뿔이
내 마음 속에 숙연해지며

비실비실 시무룩한 기운이
샘솟듯 뽀글뽀글 피어난다.

무더위도 보름이면 꺾이겠지만
천진이 바다 사람들은 첨벙첨벙

공원 매미들은 숨 넘어갈듯
쓰르름 쓰름 매에엠 매엠

모든 만물이 팔월의 신록 앞에
제각기 제 역할을 감당하는데

인자를 닮은 너는
무엇을 하려느냐?

무더위와 선선함이 교차하는 달
마땅히 네 할 일을 감당하라.

핑계치 못할 영광

찌는 무더위를 잊고
바람막이 점퍼에
아침상을 간단히 차려 올랐다.

밤새 내린 비로 인한 상쾌함
이 맛에 다스리심의 하나님을
또 다시 찬양한다.

둘기들이 반가이 맞아주니
답례로 쌀 한줌 흩어 주고
바람으로 인한 안전에 감사한다.

당신의 경외함을 아시는 분
그분의 무한하신 영광을
사람이 핑계치 못하리라.

토마토, 고추, 무화과 열매들의 합창도
난타나, 석류, 비트 꽃들의 합창도

까치, 비둘기, 참새들의 합창도

칠월의 생기를 알리며
노래하고 노래하니
영광의 주 합당하도다.

침묵하고파

날개 가진 새
새장에 갇힌 새도 날을 권리가 있는가?
이리저리 날아보려 발버둥 치나
어리석으매 다시 둥지로 돌아오고

마그마 화산은 터질 때가 있겠지?
속에 가스를 제거코자 터짐인가?
단단한 용암이 될지언정
땅에 뒹굴어 날고자 하는 욕망인가?

친구에게 비밀을 말하지 않을 권리
비밀 없는 친구의 신뢰도는 어떤가?
서로의 비밀을 모두 알아버린 친구사이
그 관계는 얼마나 행복한 삶이런가?

슬프다 죄악의 인간이여!
따르지 못할 길이라면 놓을 터
습관처럼 둥지 아닌 둥지를 틀고

뚜벅뚜벅 발걸음을 재촉하는 나그네여!

오늘은 무엇을 찾아 나설까?
썩어질 짐의 무게는 여전하고
하나, 하나씩 벗어던질 그 짐들은
정녕 벗겨져야만 참 사람인가?

쓰리고 쓰리게 치는 가슴
부르르 떨리고 떨리는 몸
터져 나오는 슬픈 함성들
부르는 소리에 침묵할 권리는 없는가?

그리운 시절아!

블랙커피 한잔에
천혜향 하나
동태 전 한 접시
강정 서너 개로
아침을 때워 보건데

딱딱한 강정을 씹는 찰라
스멀스멀 파든 어머니 생각
순간 눈물이 핑 돌고
할머니의 유과 다루신 모습도
켜켜이 떠오른다.

섣달그믐 내 생일에는
많은 음식들이 진열되니
할머니께선 쑥떡 그릇을
내 앞에 슬쩍 내밀며
네 생일이니 많이 먹거라!

그리운 고향 맛을 느끼고프나
아버지께서 철썩철썩 쳐준
쑥떡 맛은 어디서 느껴보랴?
할머니의 정성 든 유과와 콩깨잘
어머니 표 쌀 엿가락은 어디서?

나름대로 명절 흉내 내랴
전도 부쳐보고
강정과 유과도 사보건만
첨난 시내에 익숙해진 입맛은
그 시절을 마냥 그리워하네.

신비로운 연합

죄 많은 인생이
어찌 신과 연합하랴?

주는 거룩하시고
주는 완전하시니

부정한 입술이
어찌 입을 내밀랴?

스스로 낮추시어
친구 되어 주시고

스스로 낮아지사
흙의 장막에 임하시며

너와 나 하나라니
그 신비로움 누가 알랴?

주의 은혜! 주의 은혜로다!
주의 자비! 주의 자비로다!

시작과 끝

세월은 속절없이 날아가고
꽃의 영화도 끝자락이 있다.

기차는 앞을 향해 달리고
인생의 길이도 끝자락이 있다.

앞을 향해 다투어 보지만
길고 짧음은 대어 봐야 알지

송구영신이 어김없이 오듯
시작과 끝은 반드시 있고

오늘 이 자리가 있듯이
먼 미래에 내가 설 자리도 있다.

오가는 인생은 연습 없이 진행되고
경건의 훈련은 오는 삶의 스승이니

2023년 송구영신의 자리에서
후한 점수를 주지 못함이 아쉬워

2024년 새해를 복되이 맞아
잘살아 보세! 영광이로다!!

인천 공원에서

아직도 매미 울음소리는 정겹고
더위는 여전히 물러서지 않으나
초록동산 나뭇잎은 수북이 쌓였다.

김밥 한줄, 포도 한 송이 싸들고 와
나뭇잎 위에 엠보싱 돗자리를 깔고
푹신한 촉감이 있는 여유를 부린다.

바람도 좋고
나무 향기도 좋고
줌마들은 흔들의자에 흔들흔들!
그 천진스런 휴식이 눈에 찬다.

언제나 날 반기는 까치는
이 나무 저 나무 옮겨 다니며
내 앞에 재롱을 떨건만
땅 개미는 사방에서 위험을 쏜다.

피난처가 어디뇨?
정자 위에 자리를 옮기니
안전한 휴식 공간 주의 은혜에
원두막 추억이 선선하다.

여기저기 비치된
나무 테이블과 의자는
제 주인을 기다리듯 즐비 하였는데
떠날 사람 떠나고 올 사람 오도다.

무더위 지나 구월의 중순
시원한 푸른 잎 낙엽 되어 지고나면
초록동산 찾는 이 드물겠으나
네님의 추억은 널 향해 있으리.

그대의 정원일기

연분홍 영산홍은 은은히 예쁘고
진홍색 베고니아는 눈에 띄게 예쁘구나
엘로우, 핑크 히야신스는 빽빽하고 풍성한 꽃잎
보라, 화이트칼라 깅기아난은 향기 진한 꽃이로다.

때 아닌 고운님 국화는
은은한 미색, 퇴색된 색채의 봄꽃으로
두 철을 앞서 피다보니 미처 색감을 놓고 왔나보다
그래도 예쁘나 늦가을 제 철엔 제 옷 입고 온다하네.

하찮은 들꽃 같은 스토크는
한해 두세 번의 꽃을 내니
관심 받지 못한 시선을 끌기 위함인가?
자주 나타나 그대를 놀래키니
어쩌면 그리 앙증맞은 고급색채의 자주 빛일지
네 마음 알 것도 같구나!

일 년 전 뿌리내린 케일은

겨우내 살아남아 입맛을 돋우어 주고
이젠 입맛 사명의 막을 내리듯
노오란 꽃망울이 맺혔구나!
너의 꽃을 볼 수 있다니...
어서 대를 위한 씨앗을 주려무나.

꽃대는 삭고 새순을 내는 수국의 보드란 잎,
두어 달 후면 뭉치 꽃을 볼 수 있을거야
겨우내 연한 잎 청청히 무성한 카랑코에는
흠 없는 진녹색으로 생기발랄하구나.

수년전 조그마한 고목은
무광(無光)에서도 크렁크렁 위상이로다!!
많은 화초들아! 겨우내 그대랑 잘 견뎌보자 했건만,
알아들은 듯 답하니 고맙구나!

여러 다육이들, 편백, 블루베리, 산새베리, 뱅갈
철쭉, 녹보수, 군자란, 선인장, 모나리자, 스킨 등등
이름 다 기록하지 못한 얘들아!
너희들도 모두 다 사랑하노라!!

새해 아침에

새해 아침 먼저 강단에 오른다.
예배를 드리고
찬사들의 단체 방에
시온의 영광이 빛나는 아침!
일어나라! 빛을 발하라!
힘껏 음성을 남기고 축복기도를 남긴다.

여느 해와 마찬가지로 여러 사람과 새해 인사를 나눈다.
알지도 못하는 사람들에게 새해 인사가 들어오니
조금은 변서보워노 부시하는 교만을 범치 않는다.

한숨을 돌리고 사무엘상 말씀을 듣는다.
하나님께서 사울 왕 세우심을 후회하셨다는 말씀이
나의 마음에 못처럼 박힌다.

완전하신 하나님께서도 진정 후회하시는 것일까?
아니, 아니 사울에 대한 안타까움과 아픈 심정을 표현 하신거야!
노아 때가 연관되어 스치는데

사람 지으심을 한탄하신 하나님이셨지.
또 다시 이 물질세계 지으심을 한탄하실 때가 오리라.

방주 안에 들어온 자들!
예수 그리스도 안에 들어온 자들에게는 한량없는 은혜요,
복의 절정의 날이로다.
그러나 사울 왕처럼 하나님의 후회하심을 얻은 자들은
어찌 하리오! 어찌 하리오!

왕이 하나님의 말씀을 거역하면 어찌 백성늘이 따르리오.
지도자가 진리를 거역하면 어찌 하나님께서 잠잠 하리오.
거역하는 것은 점치는 죄와 같으니이다.

누가 피 흘리기까지 죄를 대적하리오.
누가 험한 풍파 거친 파도를 당해 내리오.
오직 예수 그리스도 도피성 안에 거할 뿐이니이다.
오직 성령의 도우심을 바랄뿐이니이다.

그러나 개가 토한 것을 다시 먹고,
돼지가 씻었다가 다시 눕기를 어느 때까지.....
죄를 되씹기를 그치고 온전히 돌이켜야 하리라.

병아리처럼 삐악삐악 하면 대적에게 패하리라.
갓난아이처럼 쯔쯔 째째 투정만 부리면 서지 못하리라.
마귀에게 틈을 주지 말기를 힘쓰며 살리라.

날마다 십자가에 나를 쳐서 복종하는 훈련이
진정한 평안과 복을 안겨 주리라.
땅의 것을 뒤로하고 위의 것을 생각해야 하리라.
하늘 소망을 품고 하늘의 시민권자로 살아가야 하리라.

주여 내 힘으로는 서지 못하나이다.
우리를 성령으로 하나 되게 하시고,
끊이지 않는 사랑의 쇠사슬로 우리를 구속하소서!
사람을 두려워하지 않는 담대함을 주시고,
오직 몸과 영혼을 멸하실 수 있는 지존 자를 두려워하게 하소서!

합력하여 선을 이루어,
올해는 광명한 빛이 개인과 가정에
교회와 나라에 세계평화 위에 힘차게 비추게 하소서!

일어나라 빛을 발하라!
광명한 새벽빛 예수께서 싸우시리라!

감추인 모든 것이 드러나리라!
나사렛 예수의 이름으로 온전함을 입어
새 예루살렘 아름답고 큰 성에 이르리라!

2021년 1월 1일 아침에

맺음말

작년부터 쓰기 시작한 「십자가 사랑의 날개를 타고」 네 번째 서적을 어렵게 마쳤다. 많은 영적 갈등을 겪고 고난 속에 핀 꽃과 같다. A4용지 130페이지를 진즉 완성하고도 이제야 맺음말을 쓰게 되니, 과연 출간을 하는가보다 라는 생각이 든다.

처음부터 끝까지 하나님의 도우심과 역사하심이 없이는 쓸 수 없었던 서적들이지만 이번 역시 그러했다. 대부분 무엇을 쓸지도 모른 채 성령님의 이끄심대로 무작정 써 내려갔던 것 같다. 또한 대부분의 단락들이 글을 먼저 쓰고 난후 제목들이 정해졌다. 모두가 하나님의 이끄심이었다.

하나님의 초점은 글을 잘 쓰고 못 쓰고 하는 것에 있지 않았다. 하나님의 초점은 오직 영혼구원과 당신의 존재를 나타내심에 있었다. 보다 아름답고 감성적인 제목보다는 근본적이고 원색적인 제목을 좋아하셨다. 그러나 필자의 생각을 물으시고 필자의 의견 또한 존중해 주시는 분이셨다.

하여튼 하나님의 은혜 중에 이 서적을 마칠 수 있었음에 감사를 드린다. 이 책을 통해 많은 사람들이 하나님을 바로 바라볼 수 있기를 원하며, 다만 독자들에게 한 가지 부탁을 드리는 것은, 가끔 하나님의 입장에서 글이 집필되었으므로 특별히 입장 표명을 하지 않았더라도 이해해 주시길 바라는 바이다. 사실 전체적인 모든 글이 하나님의 주관하심에 따라 기록되었음을 밝히며, 이제 또 한 번의 고된 과정에 마침표를 찍는다.

2024년 9월 22일
새 기쁨 교회 강단에서
신보은 목사 씀.